C.H.BECK WISSEN

Aus einer alten, aber verarmten Florentiner Familie stammend, gelang es dem hochbegabten Michelangelo in einer Epoche politischer wie religiöser Umbrüche schon sehr früh, seine bahnbrechende Innovationskraft in Skulptur und Malerei unter Beweis zu stellen. Der Durchbruch gelang ihm mit der kolossalen Statue des David. Es folgten die spektakulären Fresken in der Sixtinischen Kapelle unter Papst Julius II., für dessen Grabmal er die ungewöhnlichen Skulpturen der gefesselten Gefangenen sowie den Moses in San Pietro in Vincoli schuf. Alle Künste vereinte er zu einem neuartigen Ensemble in der Medici-Kapelle in Florenz. Nachdem er als überzeugter Republikaner 1534 nach Rom ins Exil gegangen war, prägte er diese Stadt durch eine umfassende Urbanistik und Entwürfe für ihre bedeutendsten Bauten, wie das Kapitol und St. Peter.

Claudia Echinger-Maurach lehrte als Professorin für Kunstgeschichte in Münster. Ihr Interesse gilt insbesondere den Werken der Frühen Neuzeit sowie der französischen Malerei und Kunsttheorie des 19. Jahrhunderts.

Claudia Echinger-Maurach

MICHELANGELO

C.H.Beck

Meinem Mann in Liebe gewidmet

Mit 15 Farb- und 28 Schwarzweißabbildungen

Originalausgabe

www.chbeck.de
Reihengestaltung Umschlag: Uwe Göbel (Original 1995, mit Logo),
Marion Blomeyer (Überarbeitung 2018)
Umschlagabbildung: Jacopino del Conte, *Michelangelo*,
ca. 1535, © akg-images/De Agostini Picture Library
Satz: Fotosatz Amann, Memmingen
Druck und Bindung: Druckerei C.H.Beck, Nördlingen
Printed in Germany
ISBN 978 3 406 80703 9

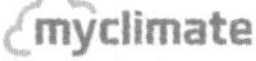

klimaneutral produziert
www.chbeck.de/nachhaltig

Inhalt

Sag' mir doch, Amor, ob meine Augen
Das Wahre der Schönheit schauen, die ich erstrebe …

(Aus Michelangelos Sonett «Dimmi di grazia, Amor»
von ca. 1529/30)

Vorwort

Bedenkt man die Präsenz der Werke Michelangelos, mag man an seine Geburt vor 550 Jahren kaum glauben. Nach über einem halben Jahrtausend rückt ein Künstler fast schon in mythische Ferne, doch seine Anziehungskraft bleibt ungebrochen. Tausende suchen täglich seine Werke auf und bleiben staunend vor ihnen in Betrachtung versunken. Woran dies wohl liegen mag, dass er Menschen aller Erdteile und jedes Alters zu begeistern vermag? Ist das die Kraft der Schönheit, die in ihren Bann schlägt, von der Michelangelo sagte, dass sie ihm bei der Geburt mitgegeben wurde, oder liegt das Geheimnis großer Kunst in ihrer Wahrheit begründet, wie dies Leonardo formuliert hat? Um dieser Wahrheit willen betrieb Michelangelo jahrzehntelang intensivstes Naturstudium, unverzichtbare Grundlage für ihn, Kunstwerke zu schaffen, die nicht in den tradierten Formen verharren oder Regelwerken – seien sie alt oder neu – gehorchen. Sein Ziel war es, wie die Natur Lebendiges zu erzeugen und, wie er in einem Sonett dichtet, zur *forma universale* zu transzendieren. Dies scheint ihm gelungen zu sein und erklärt seine universelle Ausstrahlungskraft bis heute. Er war aber nicht nur ein singulär begabter Bildhauer und Maler, sondern auch einer der einflussreichsten Architekten, der durch seinen Erfindungsreichtum die eigene Epoche in Erstaunen versetzte und für die kommenden Jahrhunderte eine neue Sprache prägte. Diese neuen Formen oft nur zu zeichnen, nicht auch in vollendeter Gestalt hervorzubringen, charakterisiert seine Kunst: Er musste nicht alles selbst machen, es musste auch nicht alles fertig werden, ja, er warnte vor dem zu frühen Vollenden. Dies schloss die Kraft ein, Begonnenes ohne Rücksicht aufzugeben oder anderen zum Fertigstellen zu überlassen, sich immer wieder neu zu orientieren, Altes über Bord zu werfen und im Vertrauen auf die Strahlkraft seiner Konzeptionen nie besorgt zu sein, wie und durch wen etwas fertig würde. Diesen hervorragend dokumentierten Lebensweg mit seinen zahlreichen Stationen in Kürze nachzuzeichnen, ist Ziel der folgenden Kapitel.

1. Windungsreiche Anfänge

Michelangelo entstammte einer alten Florentiner Familie von Stand, die im 14. Jahrhundert einige Prioren gestellt hatte, aber im Laufe der Zeit nicht mit großen Glücksgütern gesegnet war. In Settignano besaßen die Buonarroti Simoni ein Gut, von dem man über Jahrhunderte bescheidene Einkünfte bezog. Während Michelangelos Vater Lodovico (1444–1531) das Amt des *podestà* (Stadtvogt) in Caprese und Chiusi für ein halbes Jahr innehatte, wurde der künftige Bildhauer am 6. März 1475 in Caprese geboren und zu einer Amme in Settignano gegeben, die nicht nur die Tochter, sondern auch die Ehefrau eines Steinmetzen war, was Michelangelo später zu der Bemerkung veranlasste, er habe die Bildhauerei mit der Muttermilch aufgesogen. In Florenz wohnte Lodovico mit seinem Bruder Francesco in einem gemeinsamen Haushalt zur Miete im Viertel Santa Croce (das Haus steht an der Ecke von Via Bentaccordi und Via Borgognone). Aus der Ehe mit Francesca del Sera, Tochter des Neri del Sera und der Bonda Rucellai, gingen fünf Söhne hervor: Leonardo (1473–1516), der ins Kloster eintrat, Michelangelo (1475–1564), Buonarroto (1477–1528), Giovan Simone (1479–1548) und Gismondo (1481–1555). Über seine Mutter, die starb, als Michelangelo sechs Jahre alt war, schwieg er ein Leben lang. Seiner Familie zeigte er sich eng verbunden, auch wenn ihm der oft klagende, aber gewitzte Vater sowie seine geldknappen Brüder das Leben nicht leicht machten. Alle unterstützte er finanziell, solange es ging; denn sein Vater lebte zurückgezogen nur von den erwähnten Einkünften; ein Amt bei der Zollbehörde, das ihm Lorenzo il Magnifico vermittelt hatte, übte er nicht allzu lange aus. Seine Brüder Buonarroto, den er schätzte, und Giovan Simone, von dem er nichts hielt, suchte Michelangelo durch finanzielle Zuwendungen im Wollhandel unterzubringen, was nur partiell gelang. Als Buonarroto 1528 an der Pest starb, kümmerte sich Michelangelo um dessen Kinder Francesca und Lionardo in rührender Weise bis an sein Lebensende. Unterstützt durch ihren berühmten Onkel, heirateten beide in angesehene Florentiner Geschlechter ein und festigten dadurch Michelangelos Anspruch, seine Familie zähle zu den ersten in Florenz. Seine Annahme, die Buonarroti Simoni stammten von den Grafen von Canossa ab, lässt sich nicht nachweisen; doch Briefe belegen, dass die gräfliche Familie selbst es sich zur Ehre anrechnete, den großen Künstler zu ihren Verwandten zu zählen.

Nach einer schulischen Grundausbildung in Lesen und Rechnen gab ihn der Vater vor oder um 1486 in die lateinische Grammatikschule des Francesco da Urbino. Firm wurde er im Latein in der kurzen Zeit des Unterrichts nicht und er gestand diesen Mangel auch später gegenüber seinen Freunden aus humanistischen Kreisen offen ein. Seine Bildung hat er sich durch eine eindringliche Lektüre der großen Florentiner Dichter, insbesondere Dantes, erworben, dessen universale Kenntnisse Philosophie, Astronomie, Mathematik und Physik einschlossen. Michelangelo galt später als bester Kenner Dantes, der ihm als Dichter von unerreichbarer Spannweite und höchster Präzision, aber auch als standfester Charakter ein Leben lang Vorbild war. Petrarcas Lyrik wies ihm den Weg, Gefühl und Reflexion in stark gebundener Form zum Ausdruck zu bringen.

Seine frühe Leidenschaft für das Zeichnen ließ Michelangelo die Freundschaft mit dem jungen Maler Francesco Granacci (1469–1543) suchen, auf dessen Anraten er schon mit 13 Jahren

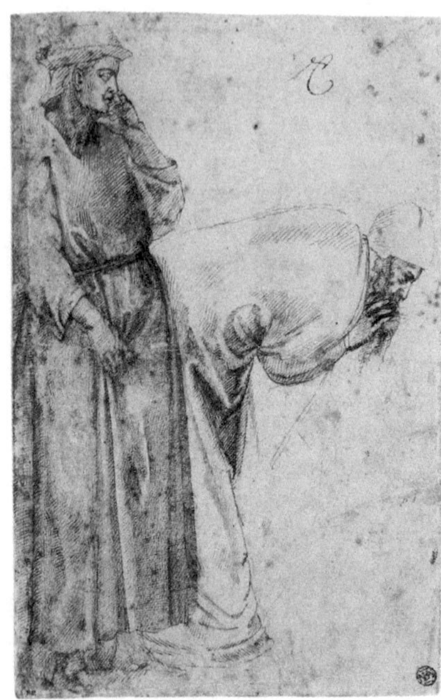

1 Zwei Figuren nach Giottos *Auffahrt des Hl. Johannes Ev.*, ca. 1492. Feder, 31,7 × 20,4 cm. Paris, Musée du Louvre

als bezahlter Lehrling für kurze Zeit in die Werkstatt des Domenico Ghirlandaio (1448–1494) eintrat. Den Ausbildungsvertrag über drei Jahre vom 1. April 1488 hat Giorgio Vasari überliefert; ein weiteres Dokument verzeichnet Michelangelo aber schon neun Monate früher in dieser Werkstatt, in der er die Anfangsgründe erlernte, Gemälde auf Holz wie im *buon fresco* vorzubereiten und auszuführen. Dass sein Vater diese manuelle Tätigkeit für nicht standesgemäß hielt, versteht sich.

Am Anfang der Lehrzeit stand traditionellerweise das Kopieren nach Zeichnungen des Meisters, was Michelangelo mühelos gelang. Die ersten Federzeichnungen Michelangelos nach Fresken Giottos und Masaccios zeigen die Nähe zu Ghirlandaios Zeichenstil, aber auch die Fähigkeit, die Vorbilder durch einen lebendigeren Stand zu beleben (Abb. 1). Granacci machte ihn auch mit einem Kupferstich Martin Schongauers bekannt, dessen komplexe Komposition einer Versuchung des Hl. Antonius, hervorgebracht mit unglaublicher Bravour des Grabstichels, Michelangelo ohne Bedenken auf ein Brett abzeichnete und schließlich kolorierte. Versuchte er hier, ein Gemälde im flämischen Stil zu schaffen? Das umstrittene Exemplar im Kimbell Art Museum in Fort Worth kann davon einen Eindruck geben.

Von größter Bedeutung für seine intellektuelle Entwicklung und seine Ausbildung zum Bildhauer war der Glücksfall, dass der ebenso dichterisch begabte wie diplomatisch erfolgreiche Lorenzo il Magnifico (1449–1492) den 15-Jährigen in sein Haus aufnahm, in dem er einem souverän agierenden Mentor größten Zuschnitts im Kreis der gebildetsten Männer seiner Zeit begegnete. Lorenzo selbst besaß drei Söhne: Piero, den stolzen Erben, Giovanni, den späteren Papst Leo X., und den liebenswürdigen, wie sein Vater dichtenden Giuliano, dem Michelangelo später in der Medici-Kapelle ein Denkmal setzte. Der im Raffinement seiner Dichtkunst höchst anspruchsvolle Latinist und Gräzist Angelo Poliziano war ihr Lehrer. Wie war es zu dieser Aufnahme in den Haushalt des Magnifico gekommen? Lorenzo hatte bei Ghirlandaio angesucht, ob er Schüler hätte, insbesondere solche von vornehmer Abstammung, die sich eignen würden für eine weitere Ausbildung in den Künsten auf seinem Anwesen, das Kunstwerke, auch antike, von höchster Qualität barg. Man kann diesen Unterricht im Zeichnen, Modellieren, Malen und Bildhauern als frühe Form akademischer Ausbildung bezeichnen. Der feinsinnige Bronzebildner Bertoldo leitete den Unterricht, dem Francesco Granacci, Michelangelo und viele andere künftige Künstler mit Begeisterung beiwohnten. Auch der jähzornige Pietro Torrigiano zählte dazu, der Michelangelo beim Zeichnen in der Brancacci-Kapelle im Streit die Nase brach und damit für immer entstellte. In diesem Statuengarten an der Via Larga in Florenz wird Michelangelo seine ersten Erfahrungen auf dem Gebiet der Bildhauerei gemacht haben. Dokumentarische Beweise für eine Ausbildung in der Werkstatt des Benedetto da Maiano, die einige Forscher für unabdingbar halten, konnten bisher nicht erbracht werden. Als

Erstes soll Michelangelo in wenigen Tagen den antiken, schlecht erhaltenen Marmorkopf eines alten Fauns in Stein kopiert haben. Lorenzo il Magnifico war begeistert, merkte aber lachend an, er habe wohl vergessen, dass alte Leute nicht immer alle Zähne besäßen, was der Knabe beschämt sofort korrigierte und einige Zähne ausbrach.

In diesen Jahren entstanden das Marmorrelief der *Madonna an der Treppe* (ca. 1490) sowie die stilistisch ganz anders geartete *Kentaurenschlacht* (1490–1492), deren Thema ihm Poliziano nahegelegt hatte (Abb. 2). Bei der *Madonna an der Treppe* suchte er die Schwierigkeiten des *rilievo schiacciato* zu meistern, eine extreme Form des Flachreliefs, das Donatello in die Kunst eingeführt hatte. Für das aus der antiken Dichtung geschöpfte Thema wählte er stattdessen ein zum fast Vollrunden tendierendes Hochrelief, wie er es an antiken Sarkophagen in dieser individuellen Form nicht beobachten konnte. Hier zieht ein sehr junger Hochbegabter bereits eine Summe aus dem vor ihm Geleisteten, um danach auf eigenen Wegen fortschreiten zu können. Bemerkenswert ist der große Sinn, mit dem er die beiden Themen fasst: Madonna und Kind sind bei aller Kleinheit der Tafel in einer Weise monumental gestaltet, wie es bei Andachtsbildern des Quattrocento nicht üblich war. Bei dem Schlachtenrelief, auf dem Herkules mit dem Anführer der halbtierischen Kentauren, Eurytus, um seine Braut Deianira ringt, die dieser zu rauben suchte, meistert er die Schwierigkeit, wirklich ein Kampfgetümmel vor Augen zu führen, in dem in abwechslungsreicher Form kleinere und größere Figurengruppen so ineinandergeschlungen werden, dass sie sich zum inhaltlichen Zentrum von Raub und Zweikampf hin steigern.

Da Michelangelo wusste, dass das innere Trieb- und Seelenleben nicht ohne entsprechend überzeugende Körper zu gestalten sei, konnte ihn nur ein intensives Studium der menschlichen Physis weiterbringen. Jahrzehntelang soll er Leichen seziert haben, bis ihm der Gestank zu viel wurde. Beim Prior von Santo Spirito, der so fortschrittlich war, ihm dieses Sezieren vor Ort zu gestatten, bedankte sich Michelangelo mit einem aus Lindenholz geschnitzten Kruzifix, das Margret Lisner wiederent-

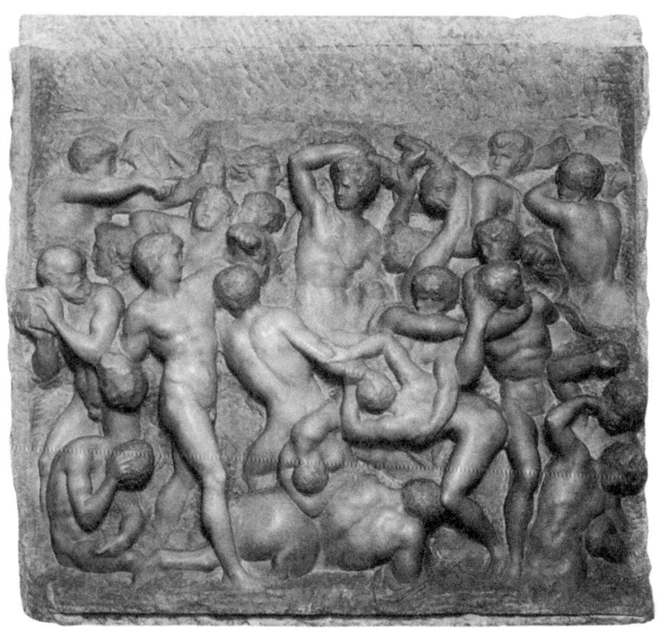

2 *Kentaurenschlacht*, ca. 1492. Marmor, 80,5 × 88 cm. Florenz, Casa Buonarroti

deckt hat und das in der Sakristei von Santo Spirito zu besichtigen ist.

Einen tiefen Einschnitt in sein Leben wie in das der Stadt Florenz stellte der allzu frühe Tod des Magnifico im Jahr 1492 dar. Sein Sohn Piero war mit seinen 20 Jahren trotz seiner vorzüglichen Erziehung nicht fähig, in die allzu großen Fußstapfen seines Vaters zu treten und die Geschicke der Stadt mit selber Staatskunst zu lenken. Aufträge erteilte Piero dem 17-jährigen Michelangelo kaum welche, außer dass er ihn nach einem Kälteeinbruch aus den Schneemassen eine Figur formen ließ. Ob Michelangelo die überlebensgroße Statue eines Herkules, den 1506 die Strozzi erwarben und später an den französischen Hof verschenkten, für Piero de'Medici oder aus eigenem Antrieb meißelte, muss offenbleiben. Ein Stich des Théodore Sylvestre lässt die verschollene Statue erahnen.

Obwohl die Florentiner traditionell mit dem französischen Königshaus verbunden waren, schlug sich Piero de'Medici auf die Seite der Aragonesen in Unteritalien, als Karl VIII. von Frankreich sich anschickte, das Königreich Neapel für sich zu erobern. Karl VIII. war nur durch die Abtretung wichtiger Städte der Toskana von einer Eroberung von Florenz abzuhalten, was die Bevölkerung gegen Piero derart aufbrachte, dass man ihn im Herbst 1494 mit Schande davontrieb. Der Vorahnung seines Freundes Cardiere folgend, flüchtete Michelangelo nach Bologna, wo ihn der Patrizier Giovan Francesco Aldrovandi in sein Haus aufnahm. Mit ihm soll er ein Jahr lang die großen Florentiner Dichter gelesen haben. Am Grabmal des Hl. Dominikus, das Nicola Pisano begonnen und Niccolò dell'Arca bis zu seinem Tod 1494 weiter ausgestaltet hatte, führte er durch Aldrovandis Vermittlung 1494–1495 drei Figuren aus: Es handelt sich um den als ehrwürdigen Bischof gekennzeichneten Hl. Petronius mit dem Modell der Stadt Bologna auf dem Arm, den in angriffslustiger Pose stehenden Hl. Prokulus und um einen leuchtertragenden Engel, dessen vollrunde Gliedmaßen energisch unter seinem anschmiegsamen Gewand zur Geltung kommen.

Nachdem die Florentiner Regierung im März 1495 eine Amnestie für die Anhänger der Medici ausgerufen hatte, kehrte Michelangelo nach Florenz zurück. Er fand eine politisch vollständig veränderte Situation vor. Der von Lorenzo und Piero de'Medici unterstützte Dominikaner Girolamo Savonarola (1452–1498) hatte in seinen machtvollen Predigten nicht nur auf eine Reform des Papsttums, sondern auch der allgemeinen Sitten gedrungen, wozu das Verbrennen von Büchern und Kunstwerken gehörte. Politisch stand er auf der Seite Karls VIII. und forderte eine Volksherrschaft nach dem Vorbild der Republik Venedig, die man im Dezember 1494 improvisierend umsetzte, ohne dafür äquivalente Gremien und Positionen zu schaffen, die eine stabile Regierung ermöglicht hätten. In dieser für die Kunst nicht gerade günstigen Lage fand Michelangelo einen neuen Auftraggeber in

Lorenzo di Pierfrancesco (1463–1503), genannt il Popolano, der einer Nebenlinie der Medici angehörte und den Piero de'Medici 1492 aus der Stadt verbannt hatte. Nach Pieros eigener Vertreibung konnte Lorenzo wieder nach Florenz zurückkehren. Für diesen kunstbegeisterten Förderer Botticellis schuf Michelangelo 1495–1496 einen kleinen Johannes den Täufer in Marmor, wie er als Patron der Stadt häufig bestellt wurde. Diese vermutlich in die Capilla del Salvador zu Úbeda gelangte Skulptur wurde während des Spanischen Bürgerkrieges 1936 zerstört, inzwischen aber mithilfe von Fotos und der erhaltenen Fragmente digital rekonstruiert.

Um das nächste verlorene Werk des jungen Bildhauers, einen offenbar in Anlehnung an antike Vorbilder geschaffenen *Cupido*, ranken sich eine Vielzahl von Geschichten: Lorenzo di Pierfrancesco hatte ihm offenbar dazu geraten, den *Cupido* zu vergraben, um ihn als genuine Antike verkaufen zu können. Der Agent Baldassare del Milanese brachte die Skulptur nach Rom, wo man sie für ein antikes Werk hielt und als Kaufpreis 200 Dukaten erzielte, während man dem Künstler nur 30 Dukaten zusteckte. Der Schwindel flog auf, und Michelangelo kam im Frühsommer 1496 in die Ewige Stadt, um den Streit mit Agent und Käufer, dem Verwandten des Papstes Sixtus IV., Kardinal Raffaele Riario, beizulegen. Isabella d'Este, berühmt für ihre einzigartige Kunstsammlung am Mantuaner Hof, erwarb den *Cupido* von Cesare Borgia und stellte ihn zum Vergleich neben einem antiken *Eros* aus, der als ein Werk des Praxiteles galt. Beide Werke sind vermutlich verschollen.

Kardinal Riario aber verzieh dem jungen Talent und bestellte bei ihm für seine Sammlung von Antiken die Statue eines *Bacchus* (1496–1497), die er auch fast vollständig bezahlte (Abb. 3). Diese anspruchsvoll konzipierte, von allen Seiten zu betrachtende und vollständig geglättete Skulptur zeigt, wie sehr Michelangelo daran gelegen war, den Wettstreit mit der Antike zu bestehen, die in den Augen der Zeitgenossen alles galt. In seiner Vision des Bacchus stellt er unter Beweis, wie tief er durch die Dichtung in die antike Mythologie eingedrungen war: Er zeigt die Gottheit weich im Fleisch und nachgiebig in der Pose, aber dennoch wie einen, der über eine besondere Macht verfügt. Bacchus, schon etwas trunken, stützt sich auf einen kleinen Satyr, der in eine Weintraube beißt. Er selbst hebt eine Trinkschale vor sein Antlitz und verrät damit seine göttliche Wirkkraft, den zu Dichtung und Musik beflügelnden Rebensaft in Wein verwandeln zu können und als kostbare Gabe an die Menschheit zu schenken. Aus unbekannten Gründen aber ließ Kardinal Riario die Statue nicht in seinem Palast aufstellen. Daher erwarb der Bankier Jacopo Galli, in dessen Haus Michelangelo lebte, das abgewiesene Werk. Bei Galli verblieb auch die von Michelangelo – möglicherweise für den nach seiner Verbannung in Rom lebenden Piero de'Medici – begonnene Statue eines stehenden *Apollino* oder *Cupido*, von dem einige Forscher annehmen, es handele sich um die Figur des sogenannten *Manhattan Cupido*, die heute als Leihgabe im Metropolitan Museum of Art aufbewahrt wird.

Für den 22-jährigen Künstler war es ein Glücksfall, dass ihn der französische Kardinal Jean de Bilhères de Lagraulas mit einer *Pietà* für seine Grablege in Santa Petronilla, einem Mausoleum an Alt-St. Peter, beauftragte – ein Thema, das als Skulptur in Rom ein Novum darstellte. Für diese anspruchsvolle Doppelfigur wollte er sich nicht mehr auf die fehlerhaften Blöcke verlassen, die er in Rom erwerben konnte, sondern ritt dafür eigens nach Carrara. Die zwischen 1497 und 1499 geschaffene Gruppe zeigt den vom Kreuz abgenommenen Christus als schönen, zartgliedrigen Mann im Schoß der Mutter liegend. Sie zieht ihn mit einer Hand voller Liebe zu sich heran und lädt mit der anderen ein, sich in ihren Schmerz zu versenken. Christi Gestalt wird durch die Lagerung des Körpers auf den zwei unterschiedlich hoch gesetzten Schenkeln der Madonna und durch das Heranziehen seiner Brust in eine stille Bewegung versetzt, die ihn fast wie lebendig erscheinen lässt. Das Antlitz der Mutter zeigt das einer jungen, tief in ihren Verlust versunkenen Frau. Spätere Kopisten des Werkes stießen sich an der Jugend der Madonna, die aber Michelangelo, als man ihn danach fragte, witzig begründete: *Weißt Du nicht, daß keusche Frauen sich länger frisch halten?* Dieses Werk in Rom, das einzige, das er mit sei-

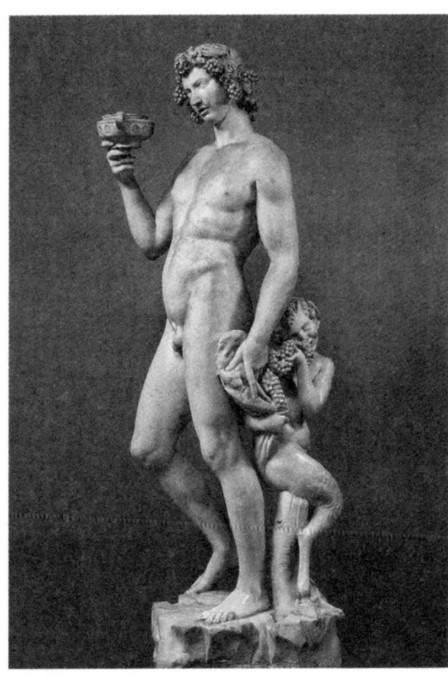

3 *Bacchus*, 1496–1497. Marmor, 207 cm hoch. Florenz, Museo Nazionale del Bargello

nem Namen signierte, begründete seinen Ruhm. Heute wird es im rechten Seitenschiff von St. Peter gezeigt.

Manche Gemälde dieser Jahre sind verschollen oder nicht vollendet worden. Zu ihnen gehört erstens sein Karton für ein ca. 1497 entstandenes, kleines Gemälde einer Stigmatisation des Hl. Franziskus von Assisi für die erste Kapelle auf der linken Seite der Kirche von San Pietro in Montorio, die sich damals noch im Bau befand. Der leidenschaftlich bewegte Hl. Franz, der auf einem Felsplateau die Wundmale Christi empfängt, ist in zwei Stichen im Escorial erhalten, die die stilistische Nähe zu den Frühwerken erkennen lassen. Das heute verlorene Gemälde führte sein Mitarbeiter Piero d'Argenta aus. Weiter können in diesen Jahren die beiden in der National Gallery in London aufbewahrten, unfertigen Gemälde, die sog. *Manchester Madonna* (ca. 1494–1496) und eine *Grabtragung Christi* (um 1500), entstanden sein (Abb. 8). Letztgenanntes Werk – Vorbote manieristischer Malerei, was Form, ungewöhnliches Kolorit und Perspektive betrifft – war möglicherweise für die Kapelle des Bischofs Giovanni Ebu in Sant'Agostino zu Rom bestimmt. Man sieht: Eigenhändiges Ausführen und Vollenden von Tafelgemälden lag ihm keineswegs so am Herzen wie das seiner Skulpturen.

Bemerkenswert an diesen ersten Stationen seines Lebenswegs ist, dass er ihn als selbständiger Künstler jenseits der Gebundenheit durch die Zünfte geht, der bei seiner humanistischen Klientel in Rom aber anfangs Mühe hatte, sich mit «modernen» Werken durchzusetzen.

2. Der Durchbruch: Die Jahre in Florenz 1501–1506 und die Rivalität mit Leonardo da Vinci

Die inneren Verhältnisse der Republik Florenz hatten sich nach der Hinrichtung des Frate Savonarola im Jahr 1498 etwas stabilisiert. Piero Soderini (1451–1522), der neue Gonfaloniere der Stadt Florenz, suchte durch Großaufträge die damals berühmtesten Florentiner Künstler an die Stadt zu binden. Für den *David* fasste man den vor kurzem aus Mailand zurückgekehrten Leonardo da Vinci, den Bildhauer Andrea Sansovino, letztendlich aber Michelangelo ins Auge, den sein Vater von dieser Konkurrenz frühzeitig in Kenntnis gesetzt und damit zur Rückreise aus Rom bewogen hatte. Die kolossale Statue des *David* sollte Michelangelo aus einem Block hauen, der für eine Aufstellung auf einem der Strebepfeiler des Domes von Florenz bestimmt war (Abb. 4). Bereits 1464–1466 hatte sich Agostino di Duccio an dem Block, der allen Wettern ausgesetzt der Länge nach im Hof der Domopera lag, ohne Erfolg abgemüht, zehn Jahre später auch Antonio Rossellino. Michelangelo führte die Skulptur kontraktgemäß im Wesentlichen vom August 1501 bis zum Sommer 1503 aus. Ihre Aufstellung erfolgte 1504.

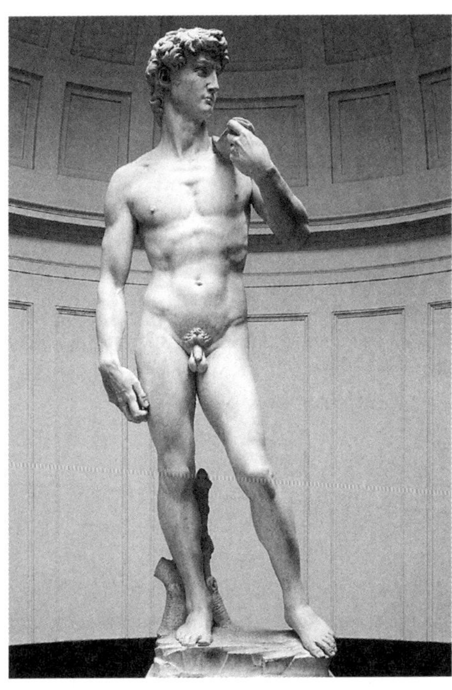

4 *David*, 1501–1504. Marmor, 516 cm hoch. Florenz, Gallerie dell'Accademia

Das Ausführen von Kolossen ist ein Thema in den Traktaten der Kunstliteratur; das Hauptproblem der Kolossalfigur aber besteht in einer Proportionierung der Gestalt, die den Giganten dennoch menschlich erscheinen lässt. Einen solchen Riesenblock – der David ist 516 cm hoch – in eine lebendige Figur zu verwandeln, die die riesenhafte Steinmasse vergessen lässt, ist eine Schwierigkeit, die nur wenige gemeistert haben. In verschiedenen Entwurfszeichnungen klärte Michelangelo einerseits das Standmotiv und die Einbindung des Attributs in die Gesamtbewegung der Statue, andererseits die Details der Anatomie, die bei einer so großen Figur zu beachten, anschließend aber wieder zu großen Formen zusammenzufassen waren, um wie an den antiken *Rossebändigern* auf dem Quirinal ein einfach zu überschauendes Ganzes zu geben. Da das Thema des

David ein eminent Florentinisches ist, konnte Michelangelo sich mit vielen Vorbildern auseinandersetzen, so mit den individuellen Schöpfungen Donatellos wie auch Andrea del Verrocchios. Diese relativ kleinen Figuren zeigen sich teils nackt, teils bekleidet mit der Schleuder in der Hand über dem abgeschlagenen Haupt des Goliath stehend. Michelangelo wählte stattdessen den Augenblick vor dem Beginn des Kampfes. David steht fest auf seinem rechten Standbein und hält in seiner gesenkten Wurfhand das schmale obere Ende der Schleuder, die er über seinen Rücken nach oben gezogen hat, um dort im breiten unteren Ende den Sitz des Steines zu prüfen, bevor er zum Schuss ansetzt. Unklassisch ist, wie David das linke Spielbein locker nach vorne setzt und auf derselben Seite den Arm mit der Schleuder anhebt. Die Figur eines sehr jungen Kämpfers, der nur ein Hirte und noch nicht waffenfähig war, konnte Michelangelo für einem Koloss nicht zum Maßstab nehmen, nur in der Schmalheit der Hüften, der zarteren Durchbildung des Brustkorbes und in den übergroßen Händen andeuten.

Im Januar 1504 setzte man eine Kommission ein, die über den passendsten Aufstellungsort entscheiden sollte. Zu den kompetenten Mitgliedern zählten u.a. Leonardo da Vinci und Giuliano da Sangallo; beide optierten für eine Aufstellung in einer Nische in der Loggia dei Lanzi, da sie den Stein durch das lange Liegen im Freien als wenig dauerhaft einschätzten. Auch die zu geringe Tiefe des Blockes hätte dadurch kaschiert werden können. Die Entscheidung, diesen Koloss als *insegna di Palazzo* vor dem Palazzo della Signoria aufzustellen und dadurch die skandalöse *Judith* Donatellos aus Mediceischem Besitz – skandalös, da eine Frau einem trunkenen Mann vor aller Augen das Haupt abschlage – zu ersetzen, wurde sicherlich auch mit Michelangelos Einverständnis in die Tat umgesetzt. Der David sollte die Wehrhaftigkeit eines Stadtwesens unterstreichen, das in Wahrheit über wenig eigene Verteidigungsmöglichkeiten verfügte und auf die Schutzmacht Frankreich angewiesen war.

Der Florentiner Signorie war daran gelegen, sich durch diplomatische Geschenke das Wohlwollen Frankreichs längerfristig zu sichern. Für den Marschall de Gié, Pierre de Rohan, der zusammen mit Karl VIII. 1494 in Florenz eingerückt war und die Schätze im Haus der Medici und im Palazzo Vecchio bewundert hatte, sollte Michelangelo eine kleine Version eines siegreichen David aus Bronze schaffen. Der Kontrakt mit der Signorie wurde dafür im August 1502 geschlossen, die Figur nach der Fertigstellung des Marmordavid 1503 ausgeführt. Die Ziselierung führte später Benedetto da Rovezzano vor der Verschiffung im Jahr 1508 durch. Nachdem der Marschall de Gié inzwischen in Ungnade gefallen war, ging das Geschenk an den kunstbegeisterten Schatzmeister des Königs Ludwig XII., Florimond Robertet, der die Skulptur später im Zentrum des Ehrenhofes von Schloss Bury aufstellte. Wie fast alle Werke Michelangelos in Frankreich ist auch dieses verschollen, nur eine Federskizze im Louvre gibt über den ebenso stolzen wie nachdenklichen Besieger des Goliath Auskunft.

Diese Jahre in Florenz waren für Michelangelo vor allem durch die tägliche Konkurrenz mit dem fast doppelt so alten, in ganz Italien berühmten Leonardo da Vinci (1452–1519) bestimmt. Trotz aller Gegensätze hatten sie vieles gemeinsam: ihre große innere Unabhängigkeit, ihr unerschütterliches Selbstvertrauen, ihr Bewusstsein, ganz Neues, Ungesehenes schaffen zu können. Nach seiner Rückkehr aus Mailand hatte Leonardo im Jahr 1500 mit dem Karton einer *Anna Selbdritt* ganz Florenz in Erstaunen gesetzt. 1503 übertrug ihm Piero Soderini die Darstellung der Anghiari-Schlacht. Michelangelo reagierte sofort auf das von Leonardo begonnene Werk, indem er auf einem Skizzenblatt eine eigene Variante einer Schlacht mit Reitern und Fußtruppen entwarf. Obwohl es dem jungen Künstler nicht an Aufträgen mangelte, muss er sich bei Soderini mit Nachdruck darum bemüht haben, ihm die zweite Hälfte des Saales, in dem Leonardo arbeitete, zu überlassen.

Leonardos und Michelangelos Gemälde sollten die noch unter Savonarola entstandene Sala del Maggior Consiglio im Palazzo Vecchio schmücken. Dieser riesige, aber viel zu niedrige, trapezförmige Raum diente als Versammlungsort der Bürger (daher auch *Salone dei Cinquecento* genannt), die hier über die Angelegenheiten der Republik debattierten. Auf der kürzeren

Längsseite des Raumes war ein Altar angebracht, auf der längeren Seite der Sitz für die Signorie mit einem Bildnis Christi darüber. Oberhalb einer umlaufend angebrachten kostbaren Holzverkleidung sollte auf der längeren Seite des Raumes Leonardo das linke, Michelangelo etwas später das rechte Fresko ausführen. Wie in kommunalen Ratssälen üblich, waren als Themen siegreich erfochtene Schlachten geplant, ein etwas heikler Punkt für die in Handel, Gelehrsamkeit und Kunst überragenden, aber ziemlich unmilitärischen Florentiner.

Leonardo wählte als Zentrum seines Freskos den Kampf um die Standarte aus der Schlacht von Anghiari, in der die von der Kurie unterstützten Florentiner 1440 über die mailändischen Visconti gesiegt hatten. Michelangelo wich dem Kampfthema aus und wählte nicht ohne Ironie den Moment während der Schlacht von Cascina bei Pisa, in dem die Florentiner annahmen, der Kampf sei beendet. Als sie sich wegen der großen Hitze ihrer Kleider entledigt hatten und im Fluss badeten, wurden sie plötzlich zurück zum Kampf gerufen, den sie siegreich bestanden. Michelangelo vertraute auf seinen heroischen Stil, um jedes Gelächter im Angesicht dieser Disziplinlosigkeit verstummen zu lassen. Seine geschickte Themenwahl gestattete ihm, ein breites Panorama von Männern zu entfalten, die aus dem Fluss kletterten, sich am Ufer wieder anzogen, zum Kampf bereit machten oder schon davonstürmten. Klüger konnte man Leonardos ineinander verschränkte Vierergruppe aus Kämpfern in teils bizarrer Rüstung auf vier prachtvollen Pferden nicht ergänzen. Allerdings scheiterte Leonardo an einer dauerhaften Anbringung seines Freskos an der Wand, und Michelangelo vollendete nur seinen Karton in ganzer Länge. Diese in variantenreicher Technik durchgeführte Zeichnung im großen Maßstab wurde zur *Schule der Welt*, die viele Künstler kopierten und dadurch der Nachwelt überlieferten (Abb. 5). Die Motivvielfalt des Kartons war so groß, dass Stecher daraus auch einzelne Figuren und Gruppen im Nachstich verbreiteten. Man sieht: Beide Künstler machten trotz des *Nonfinito* ihrer Werke, mit denen sie neue Maßstäbe setzten, Epoche.

Der kaum 30-jährige Künstler hatte aber neben all diesen

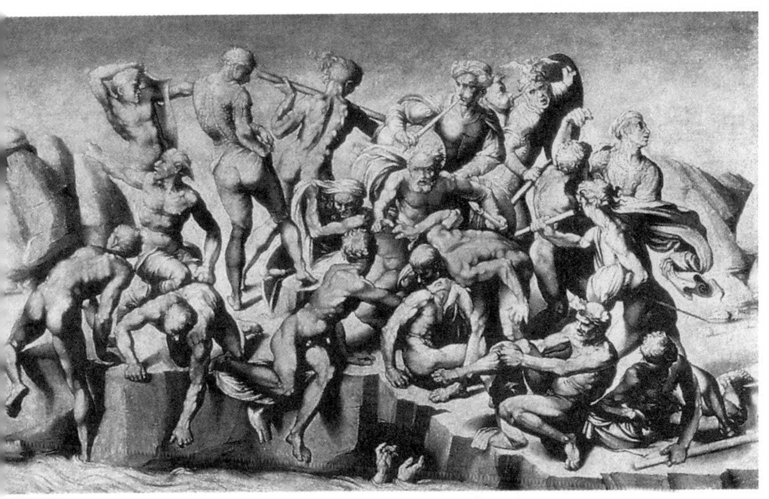

5 Aristotile da Sangallo, *Schlacht von Cascina* (nach Michelangelo), 1542. Öl auf Holz, 76,5 × 129 cm. Norfolk, Holkham Hall, Earl of Leicester

Verpflichtungen noch Zeit, eine Reihe kleinerer Werke zu schaffen. Noch in Rom war es ihm 1501 gelungen, von Kardinal Francesco Todeschini Piccolomini (später Papst Pius III.) mit zwölf kleinen Heiligenstatuen für den Piccolomini-Altar im Dom zu Siena beauftragt zu werden. Bis 1504 führte er für dieses Projekt die Statuen der beiden Apostelfürsten und zweier Päpste (Hl. Pius und Gregor d. G.) aus. Bemerkenswert an diesen Skulpturen (insbesondere an Petrus und Paulus) ist ihr lebendiger Stand, die Einbindung der regsamen Arme durch das Gewand in das Gesamtmotiv sowie die psychologische Durchdringung der Charaktere. Diese vermochte er sogar durch einen neuen Stil der Gewandfalten (aus etwas dickeren und steiferen Stoffen als in seinen frühen Werken) zu unterstreichen.

Sein neuer Stil manifestiert sich auch in dem Marmorwerk, das er 1503–1505 für die flämischen Tuchhändler Mouscron in Brügge schuf. Italien und Flandern waren ja nicht nur durch engste Handelsverbindungen, sondern auch durch den gegenseitigen Erwerb von Kunstwerken verknüpft. In dieser dicht ge-

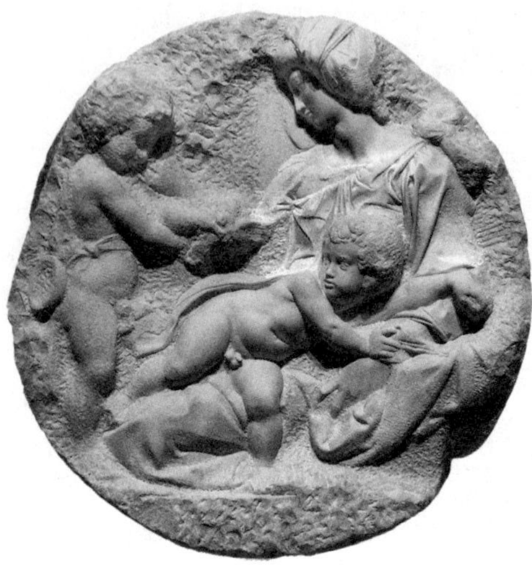

6 *Tondo Taddei*, ca. 1503. Marmor, Durchmesser ca. 109 cm. London, Royal Academy of Fine Arts

fügten Madonnengruppe sitzt Christus nicht wie üblich auf dem Schoß der Mutter, sondern steigt zwischen den Schenkeln der Mutter von ihrem Felsensitz vorsichtig herab. Mit seinem großen Haupt, seinem formschönen Körper ist er die Hauptperson, die sich einerseits dem anbetenden Gläubigen nähert, andererseits durch den Griff zurück zur Mutter dieser eng verbunden bleibt. Das Buch in ihrer anderen Hand verdeutlicht, dass diesem Kind ein Schicksal besonderer Art beschieden ist, das sich im Ernst ihres stillen Antlitzes ausspricht. Die nackten Partien dieser Gruppe sind eingebettet in einen Reichtum geistvoll und variantenreich angeordneter Gewandfalten, die den ursprünglichen Steinblock vollständig vergessen lassen. 1506 wurde das Werk verschifft und in der Onze-Lieve-Vrouwekerck zu Brügge aufgestellt.

In denselben Jahren meißelte er außerdem Tondi, in denen er zeigte, wie Leonardos Kompositionen der *Madonna mit der Garnwinde* sowie der *Anna Selbdritt* in seiner Erfindungskraft auf fruchtbaren Boden fielen, und die ihrerseits wieder den jungen Raffael inspirierten. Der Marmortondo, den Michelangelo

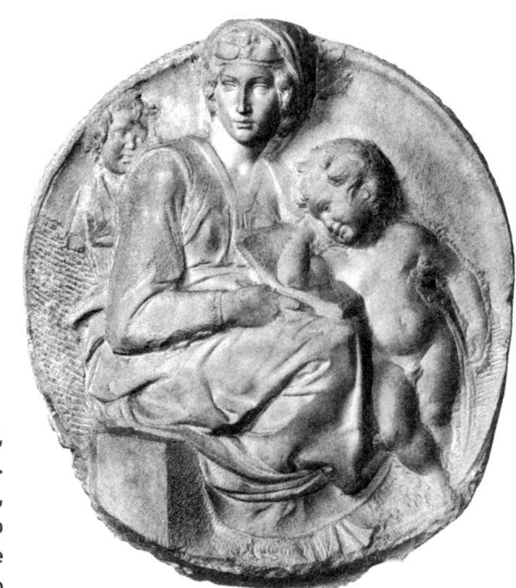

7 *Tondo Pitti*, ca. 1503–1504. Marmor, 85,5 × 82 cm, Florenz, Museo Nazionale del Bargello

ca. 1503 für Taddeo Taddei schuf, zeigt die spannungsreiche Verknüpfung des Christusknaben im Schoß seiner Mutter mit dem kleinen Johannes dem Täufer, der durch seine Taufschale auf das künftige Schicksal Christi vorausweist (Abb. 6). Die Mutter neigt wissend ihr Haupt und versucht mit vorsichtiger Geste den Johannesknaben von ihrem Kind noch fernzuhalten. Der Christusknabe aber beherrscht mit einem Sprung zurück zur Mutter die Szene, auch wenn er mit wachem Blick seinen Kopf zu einem Vogel in der Hand des Täufers zurückdreht, den dieser ihm wie ein Spielzeug reicht, der zugleich aber auf die Passion hindeutet. Das gleiche Thema gestaltete Michelangelo in einem zweiten Tondo für Bartolomeo Pitti (ca. 1503–1504). Die Madonna sitzt schräg auf einem Felsblock im Zentrum des Bildrundes (Abb. 7). Liebevoll zieht sie ihr Kind zu sich heran, das in seiner gelösten Pose an den Amor erinnert, der sich an die thronende Phädra auf dem gleichnamigen Pisaner Sarkophag lehnt. Hier aber neigt sich der Knabe auf das Buch im Schoß der Mutter, das genauso auf das kommende Schicksal ihres Kindes vorausweist wie der kleine Täufer, der sich von links her nähert.

Im Unterschied zur *Brügger Madonna* sind diese Tondi nicht gleichmäßig geglättet, d.h. im zunftgemäßen Sinn unfertig (*nonfinito*), was seine kunstsinnigen Auftraggeber offensichtlich akzeptierten. Michelangelo lenkt dadurch das Auge über hochpolierte Formen zu rauer gelassenen bis hin zu nur skizzierten, um den Gehalt der Szene und den Grad an Wichtigkeit der dargestellten Personen mühelos zu verdeutlichen. Dieses *Nonfinito* bringt aber gleichzeitig ein differenziertes Helldunkel hervor, das mit den kunstvollen Schattengebungen in Leonardos Gemälden wetteifert.

Zwischen 1504 und 1506 entstand auch sein vorerst letztes Gemälde in Florenz, der Tondo zur Hochzeit des Agnolo Doni mit Maddalena Strozzi, die wir durch Raffaels Portraits kennen (Abb. 9). Die Mutter Gottes sitzt auf dem Boden zwischen den Schenkeln des Hl. Joseph, der aus ihren Händen den Christusknaben entgegennimmt. Der große Zuschnitt der Gestalten, der Reichtum ihrer windungsreichen Posen deutet schon auf spätere Schöpfungen voraus. Durch einen Absatz von der Hauptgruppe getrennt, blickt der kleine Johannes zur Hl. Familie hinauf. Im Hintergrund lehnen sich spielerisch bewegte Jünglinge an das Rund eines Bassins, als warteten sie schon auf ihre Taufe.

Michelangelos letztes Werk nach dem Interludium von 1505–1506 in Rom, während dessen ihn Julius II. mit der Ausführung seines Grabmales beauftragt hatte, stellt der heute in der Florentiner Accademia aufbewahrte *Hl. Matthäus* dar, die einzige Figur, die er für den 1503 übernommenen Zyklus der zwölf Apostelstatuen im Florentiner Dom 1506 zu meißeln begann. Dieser nur an der Front herausgehauene Heilige, der von einer Stufe herabsteigt, ist innerlich so heftig bewegt, dass sein ganzer Körper davon erfasst wird. Wie in Ekstase wendet er seinen Kopf zur Seite, als habe er von dort seinen Ruf empfangen oder als wolle er zu prophetischem Sprechen anheben. Michelangelo hatte solch gewundene Körperbewegungen bereits in früheren Zeichnungen entwickelt; doch auch der Fund der pathetisch bewegten, antiken *Laokoon*-Gruppe wird in diesem Werk seine Spuren hinterlassen haben.

Trotz all dieser Erfolge suchte Michelangelo weiter nach einem Patron, der ihm größeren Ruhm und bedeutendere Einkünfte zusichern konnte. Dazu war eine haushälterisch auf ihre Ausgaben sehende Republik nicht in der Lage. Nur Könige und Päpste verfügten über erhebliche Geldmittel und im Glücksfall auch über Visionen unüberbietbarer Grandezza. Leonardo fand einen solchen Mäzen im König von Frankreich, Michelangelo durch Giuliano da Sangallos Empfehlung in Papst Julius II.

3. Ein kongenialer Patron auf dem päpstlichen Stuhl

Giuliano della Rovere bestieg als Julius II. 1503 den päpstlichen Thron. Dieser Neffe des Papstes Sixtus IV. hatte sich (begleitet von Giuliano da Sangallo) ein Jahrzehnt im französischen Exil aufgehalten, um den Nachstellungen der Borgia zu entgehen. Seine überragenden politischen Fähigkeiten stellte er nach seiner Rückkehr nach Rom umgehend unter Beweis. Ihm gelang das Unmögliche, nämlich den gerissenen Cesare Borgia in eine Falle zu locken und auszuschalten und die beiden unversöhnlichsten Familien Roms durch eine geschickte Heiratspolitik an sich zu binden: Seine Nichte Lucrezia verheiratete der Papst mit Marcantonio Colonna, seine eigene Tochter Felice aber mit Giangiordano Orsini. Guidobaldo da Montefeltre adoptierte Julius' Neffen Francesco Maria della Rovere, der damit das Herzogtum Urbino erbte, das ihm später die Medici ohne Erfolg zu entreißen suchten. Des Papstes weitere Ziele standen danach ebenfalls fest: Auffüllen der leeren Staatskasse und Rückeroberung des zerfallenden Kirchenstaats, was Cesare Borgia nicht gelungen war, Neubau von St. Peter durch Bramante und die Reparatur der Sixtinischen Kapelle, die sein Onkel erbaut hatte. Für die durch einen Riss im Gewölbe verunstaltete

Decke der Sixtina suchte er einen Maler, den er in Michelangelo gefunden zu haben glaubte.

Dieser jedoch scheint ihn stattdessen zu einem Grabmal, *das auf der Welt nicht seinesgleichen finden würde*, überredet zu haben, das für die Hauptchorkapelle an St. Peter, die Julius II. ab 1506 durch Bramante errichten ließ, bestimmt war. Dieser Grabbau sollte eine ovale Cella mit dem Sarkophag einschließen und am Außenbau im rhythmischen Wechsel Viktorien, von Gefangenen flankiert, sowie Bronzereliefs mit den Taten des Papstes aufweisen. Die Gefangenen, an halbfigürliche Stützen (*Termini*) als Symbol des Todes gefesselt, hätten nach Condivi die durch den Tod des Papstes zum Sterben verurteilten Tugenden und Künste verkörpert, da sie nie wieder einen Mäzen wie Julius II. fänden. Auf dem Oberstock waren Sitzstatuen, zu denen auch der *Moses* zählte, vorgesehen, die zum Gipfel des Monumentes überleiteten, wo zwei Engel einen Sarkophag erhoben hätten. Für den Marmor dieses Baus und die über 40 geplanten Skulpturen wies Julius II. Michelangelo Ende April 1505 1000 Dukaten an, womit für ihn die Angelegenheit erst einmal erledigt war. Vergleicht man diese Summe mit derjenigen, die er später in seinem Testament dafür aussetzte, nämlich 10 000 Dukaten, begreift man, zu welchen Differenzen es ab Januar 1506 zwischen Patron und Künstler gekommen war, nachdem dieser in Carrara in großem Umfang Marmor für das Grabmal geordert hatte. Für Julius II. aber hatten die oben geschilderten Pläne, die sich nicht auf seine eigene Person bezogen, Vorrang. Nach heftigen Wortwechseln floh Michelangelo am Tag vor der Grundsteinlegung von St. Peter am 18. April 1506 ohne Erlaubnis des Papstes zurück nach Florenz.

Julius II. begann 1506 seinen Rückeroberungszug durch Italien. Ohne Widerstand wichen die als Tyrannen herrschenden Baglioni in Perugia und die Bentivoglio in Bologna zurück. Im Gefühl seines Sieges plante er, an der Fassade von San Petronio in Bologna eine kolossale Bronzestatue von sich aufrichten zu lassen. Jetzt war der Moment gekommen, den unbotmäßigen Michelangelo, der sich in Florenz vor dem Zorn des Papstes fürchtete, durch ein Breve an die Signorie von Florenz zu sich zu rufen und mit diesem Auftrag zu betrauen. Der Guss der Riesenbronze gelang Michelangelo 1507 ohne größere Probleme, im Februar 1508 wurde sie aufgestellt. Als die Bentivoglio, unterstützt durch die Franzosen, die die Lombardei hielten, 1511 für kurze Zeit nach Bologna zurückkehrten, statuierten sie an der Statue des verhassten Papstes ein Exempel, indem sie diese herabstürzten und köpften. Der Herzog von Ferrara, Alfonso d'Este, erwarb das zerstörte Werk, bewahrte den Kopf in seiner *guardaroba* auf und ließ aus dem Rest eine besonders große Kanone gießen, spöttisch *Julia* genannt, mit der er sich von Tizian portraitieren ließ.

Nach dem Pardon des Papstes in Bologna durfte sich Michelangelo im Mai 1508 dem Wunsch nicht widersetzen, die Decke der Sixtinischen Kapelle neu auszumalen. Zuerst sollen nur ein Apostelzyklus und auf dem Spiegel des Muldengewölbes die übliche Ornamentverzierung geplant gewesen sein. Dieses konventionelle Programm wird Michelangelo kaum begeistert haben. Dennoch bringt man zwei Entwürfe damit in Verbindung. Der erste in London zeigt oberhalb von Thronen mit sitzenden Figuren übereck gestellte riesige Quadrate, die mit ihren medaillonartigen Enden elastisch einerseits in der Thronarchitektur verankert sind, andererseits kleinere Bildfelder zur Seite drängen, die auf einer eigenen Bahn mittig zwischen Rundbildern angeordnet sind. Diese Aktivität eines zentralen Bildfeldes ist völlig ungewöhnlich. Auf der zweiten Skizze in Detroit ging Michelangelo wieder von großen, jetzt oktogonalen Bildfeldern aus, die er durch breite Bänder begrenzte und durch diese die Throne auf beiden Seiten des Gewölbes miteinander verknüpfte. Auf diesen Bändern sitzen im Zentrum gerahmte Gemälde, die hochovale Medaillons, von Putti gestützt, flankieren. Mit wenigen Änderungen ließ sich dieser zweite Entwurf in das schließlich gewählte System überführen, in dem kleine Bildfelder von nackten Jünglingen (*Ignudi*) paarweise gerahmt werden, die Medaillons halten. Das große Oktogon der zweiten Skizze war nur noch in ein schlichtes Rechteck auseinanderzuziehen, um die endgültige Lösung zu realisieren. Michelangelos frühe Entwürfe sind daher nicht auf ein reduziertes Programm zu beziehen, da sie zielsicher die endgültige Gliederung des Gewölbes vorbereiten. Auf seinen Vorschlag geht wohl auch zurück, erstens Szenen vorzusehen, die einen Blick in den Himmel erlaubten und das Muldengewölbe «öffneten», statt es durch die üblichen Ornamente zu verschließen, und zweitens Themen mit nur wenigen Figuren auszuwählen, die auf die Entfernung zur Geltung kämen.

Die Verantwortlichen entschieden sich für eine Trias von je drei Szenen aus der Genesis, die von der *Erschaffung der Welt* oberhalb des Altares über *Adam und Eva* bis hin zur *Sintflut* und zur *Verspottung Noahs* reichten, nachdem dieser (nach der Vertreibung des ersten Menschenpaares aus dem Paradies) erneut den Bund mit Gott geschlossen hatte (Abb. 11, 12). Die großen Rechteckfelder konnten zwei- bzw. mehrpolige Szenen (*Schöpfung von Sonne, Mond und Erde*; *Beseelung Adams*; *Sündenfall und Vertreibung aus dem Paradies*; *Sintflut*) aufnehmen, die kleinen Bilder entweder eine einzelne Figur *(Erster Schöpfungstag)* oder kleine Gruppen *(Gottvater schwebt über dem Meer; Erschaffung Evas; Opfer Noahs; Verspottung Noahs)*. Die sieben Propheten und die fünf klassischen Sibyllen, die die Ankunft Christi vorausgesagt hatten, erlaubten dem Künstler, diesen Gestalten (wie zuvor dem *Hl. Matthäus)* geistiges Leben von unvergleichlicher Größe einzuhauchen.

Nach der Errichtung eines freitragend oberhalb des Kapellengesimses angebrachten Gerüstes durch Piero Rosselli schlug man die alte Bemalung ab und die Figuren mussten in Skizzen und Studien vorbereitet und schließlich in originalgroße Kartons übertragen werden. Michelangelo ging hierbei der übliche Mitarbeiterstab zu Hand, zu dem u. a. auch Francesco Granacci und Bugiardini zählten; diese waren auch für die Ausführung der Thronarchitekturen, der Putti und der Medaillons zuständig. Michelangelo begann mit dem Freskieren entgegen der Leserichtung an der Eingangsseite der Kapelle (Abb. 12). Anfängliche Schwierigkeiten bei der Zusammensetzung des Putzes führten zu Ausblühungen am Fresko der *Sintflut*, die aber bald behoben waren. Einen ersten größeren Abschnitt, der die *Erschaffung Evas* einschloss, stellte er vom Oktober 1508 bis Ende August

1510 fertig. Danach trat wegen ausbleibender Zahlungen eine Pause ein, da Julius wieder auf seinen Kriegszügen in Oberitalien unterwegs war und von Bologna aus operierte, wo ihn Michelangelo mindestens zweimal aufsuchte. Julius II. hatte mit den Franzosen und Maximilian I. die Liga von Cambrai gebildet, um gegen Venedig vorzugehen, das die dem Kirchenstaat unterstehende Romagna besetzt hielt. Die bis dahin unbesiegt gebliebene Serenissima musste sich erstmals in ihrer Geschichte dem Papst geschlagen geben.

Die zweite Kampagne der Ausmalung kann man vom August 1511 bis zum Oktober 1512 ansetzen (Abb. 11). Sie beginnt mit der *Beseelung Adams*, zu dem Gottvater in Gestalt eines reifen, gelöst sich bewegenden Mannes in einem großen Kranz von Figuren heranfliegt; seinen Arm legt er um eine junge Frau, die man zu Recht als Eva, die die Kirche symbolisiert, gedeutet hat, seine Hand legt er auf einen übergroß herausmodellierten Knaben, der auf die Nachkommenschaft der Stammeltern und damit auch auf Christus vorausweist. In der folgenden Trias hat Michelangelo Gottvater einmal ruhig schwebend, danach kraftvoll dahinstürmend oder in großartiger Drehung aufschwebend konzipiert. Die ausdrucksstarken Hände sind ohne Vergleich. In diesem zweiten Abschnitt des Gewölbes steigerte Michelangelo das Größenmaß der Propheten und Sibyllen beträchtlich, die mit ihren riesenhaften Körpern aus ihren marmornen Thronen fast vollständig heraustreten. *Persica* und *Jeremias* verschließen sich als steinalte Weise völlig in ihr Tun und Sinnen. Den jungen *Daniel* und die aparte *Libyca* treibt ein innerer Furor derart an, dass der eine kaum so schnell schreiben kann, wie er möchte, und die junge Frau sogar vergessen hat, ihr Kleid anzulegen, um schneller zu ihren Studien zu kommen (Abb. 10). Keiner dieser vier spricht (im Unterschied zur ersten Partie der Fresken) mit den Genien, die sie begleiten. Jonas, den der Fisch ausgespien hat und der dadurch Christi Auferstehung präfiguriert, erhebt sich machtvoll über dem Altarfresko, das Peruginos *Assumptio Mariens* zeigte. Die großen Zwickelfresken in den vier Ecken des Gewölbes deuten auf die Errettung des Volkes Israel durch die vier Szenen der *Enthauptung des Holofernes*, des Kampfs zwischen *David und Goliath*, der *Kreuzigung des Haman* und der *Erhebung der ehernen Schlange*; die letzten beiden weisen zudem auf die Kreuzigung Christi voraus. Mit den rasanten Verkürzungen und den grellen Farbwechseln, mit denen die dicht geballte Gruppe der von den Schlangen Bedrohten bzw. der Haman gemalt sind, bereitete Michelangelo der manieristischen Malweise den Boden.

Bereichert wird dieser Freskenschmuck durch die in ihren Haltungen immer wieder neu erfundenen, paarweise angeordneten *Ignudi*, die mit ihren üppigen Girlanden aus Eichblättern und Eicheln auf das Wappen des Auftraggebers hinweisen, weiter durch die bronzefarbenen Medaillons mit Szenen zumeist aus den Büchern der Makkabäer, deren Reliquien Julius II. in San Pietro in Vincoli verehrte, sowie durch Jünglingsfiguren in den Zwickeln, abenteuerlich in ihren Haltungen und als Bronzen fingiert. Viele Motive dieser Gestalten, deren Formenreichtum sich nur in ihrer Nacktheit entfalten konnte, bereiten die *Gefangenen* des Juliusgrabmales und die lagernden *Tageszeiten* in der Medici-Kapelle vor (Abb. 15, 17, 18, 29). In den *Vorfahren Christi*, die Michelangelo in den Stichkappen und in den Lünetten ansiedelte, entwickelte er seine Gedanken zum Familienbild fort, dem er hier mehr menschliche Wärme verlieh als im *Tondo Doni*. Ohne diese Bilder wüssten wir nicht, mit wie viel Gefühl und Witz er das Leben in der menschlichen Gemeinschaft beobachtet hat: Dazu gehören sich schmückende junge Frauen, angespannte Jünglinge, Schwangere, Nährende, ihre Kinder betreuende Eltern, Alte, Boshafte, Witzige, Einsame. Schön ist, wie ein Knabe seiner Mutter beim Schneidern eines Hemdes zusieht. Dass zum hohen Ernst notwendig das Spiel gehört, zeigen weiter die Puttenpaare aus je einem Jungen und einem Mädchen, die die steinernen Throne nach oben hin abschließen. Anfänglich tun sie noch brav ihren Dienst als Stützen des Gesimses, bald aber fangen sie wie rechte Geschwister an, sich zu balgen und gegenseitig vom Platz zu verdrängen.

Die letzte Restaurierung hat dem Fresko seinen alten Glanz und den Reichtum einer kontrastreichen Farbigkeit zurückgegeben, die expressionistischen Gemälden in nichts nachsteht.

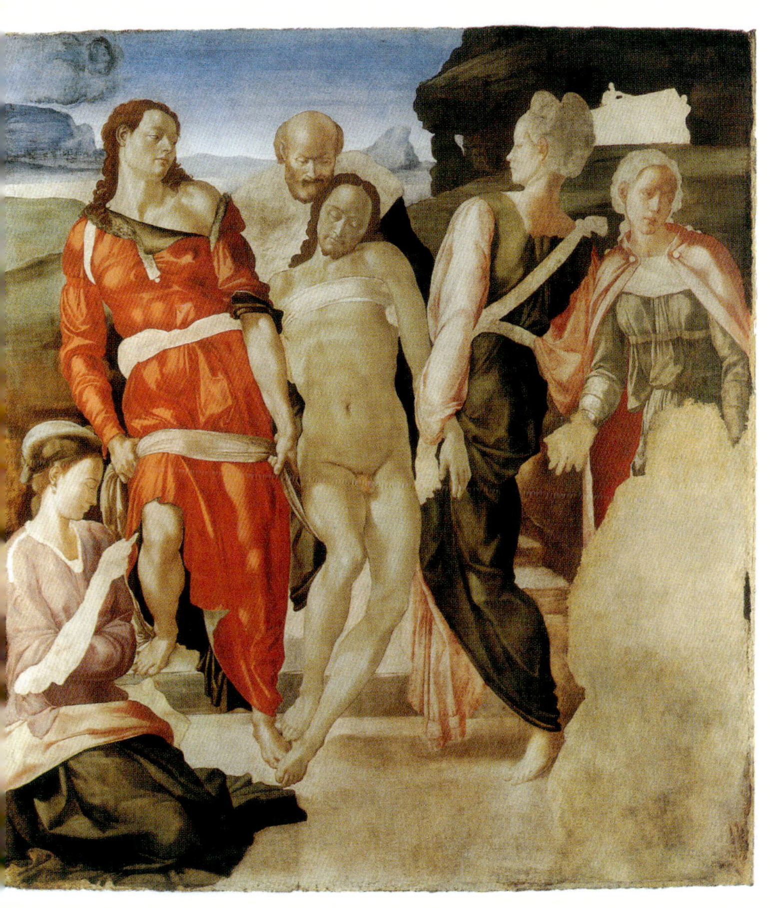

8 *Grablegung Christi*, ca. 1500. Öl auf Holz, 162 × 150 cm. London, National Gallery

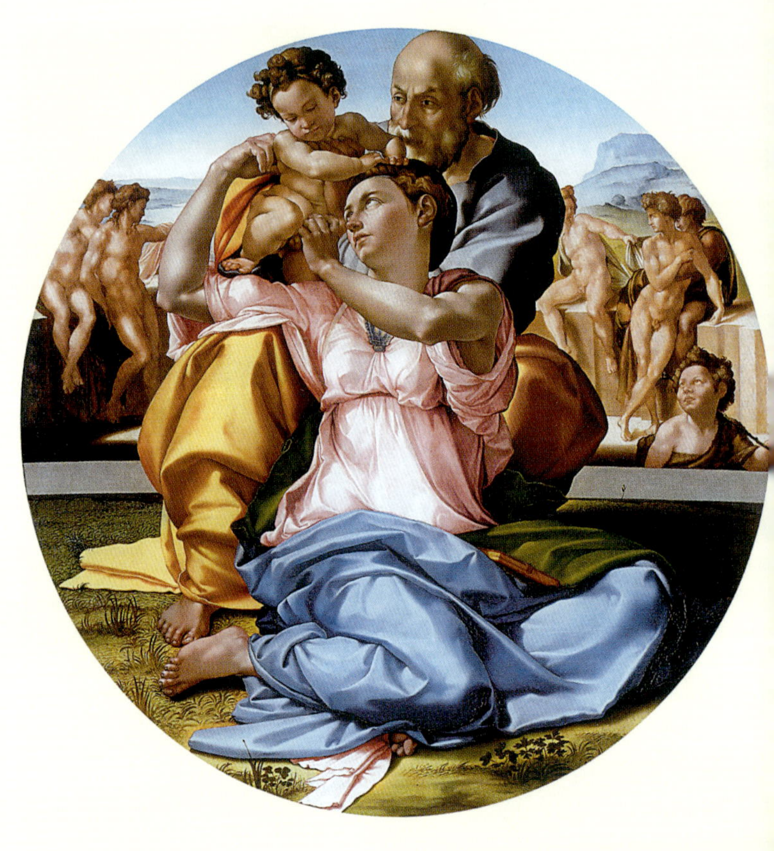

9 *Tondo Doni*, ca. 1504–1506. Tempera auf Holz, Durchmesser 120 cm. Florenz, Galleria degli Uffizi

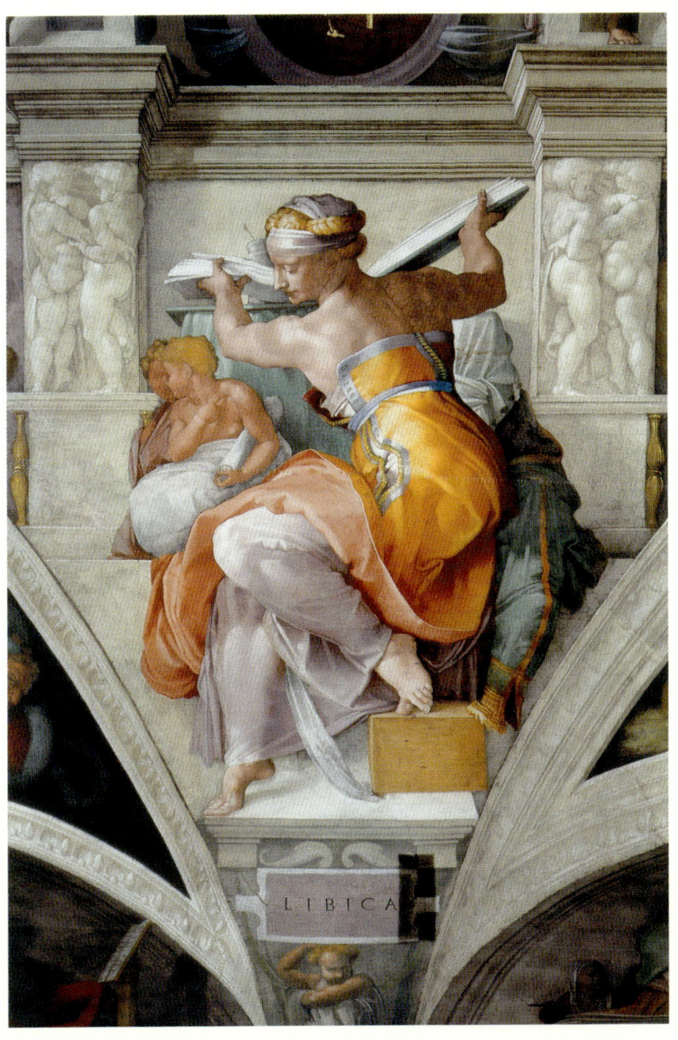

10 *Sibylle Libyca*, ca. 1511–1512. Fresko, Rom, Città del Vaticano, Sixtinische Kapelle

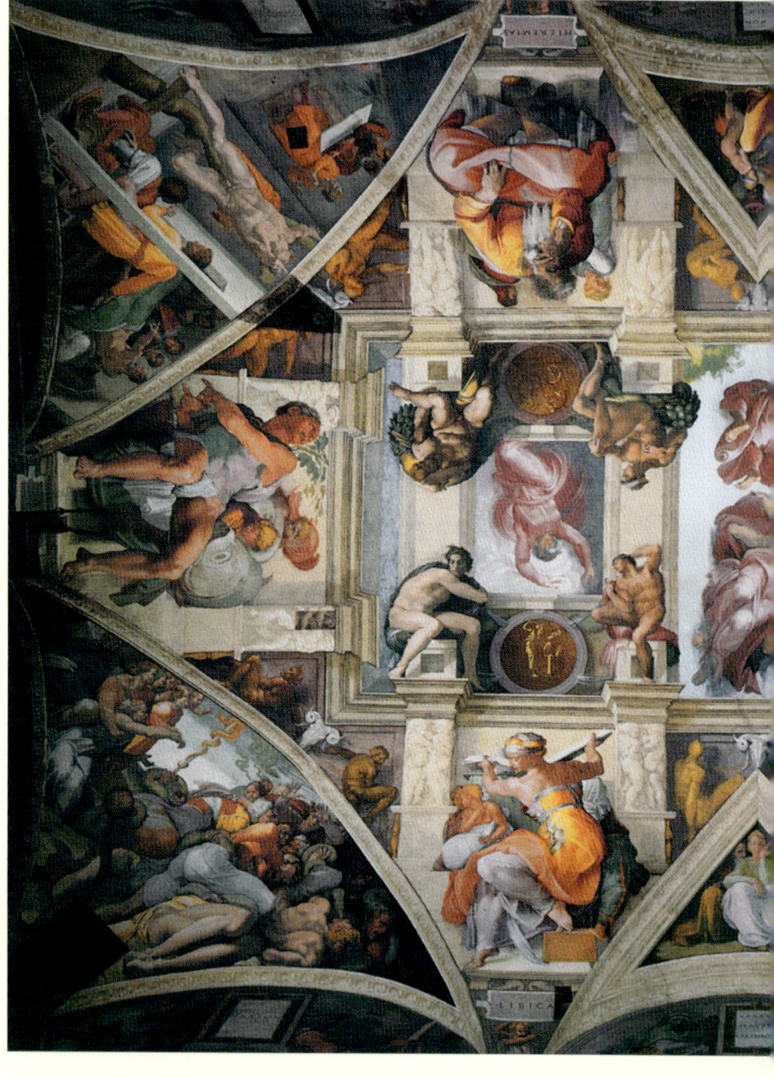
HIEREMIAS
LIBICA

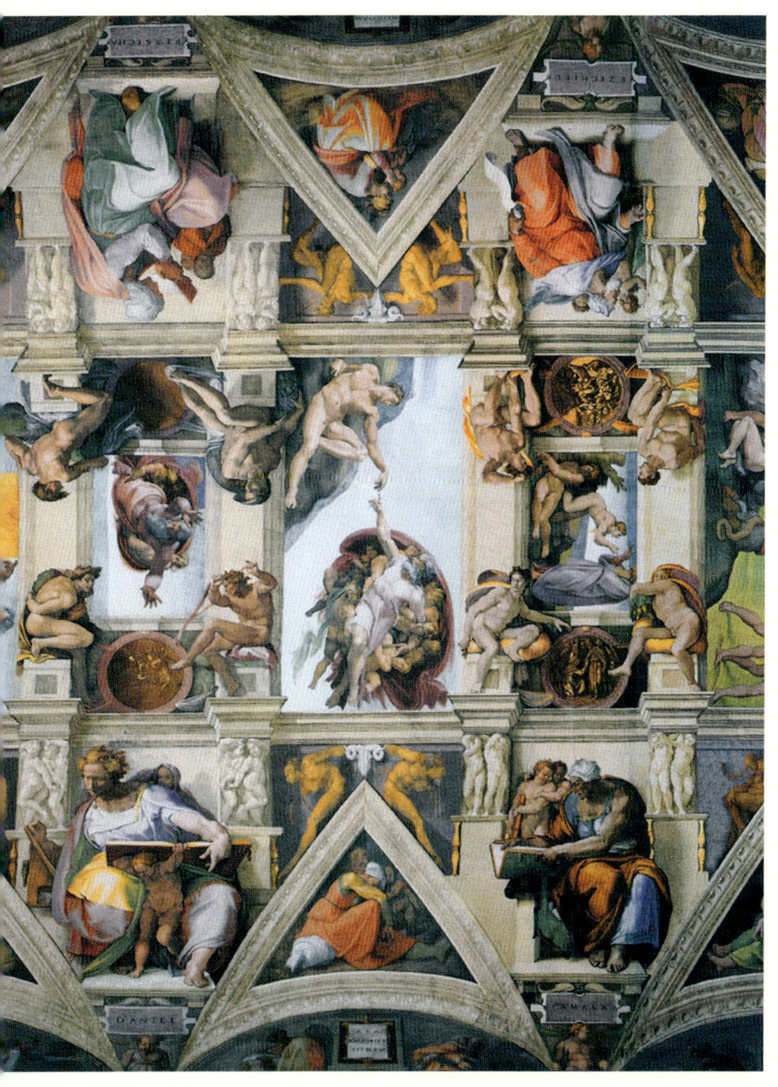

11 Deckenfresko der Sixtinischen Kapelle, 1511–1512 (von der Altarwand bis zur *Erschaffung Evas*)

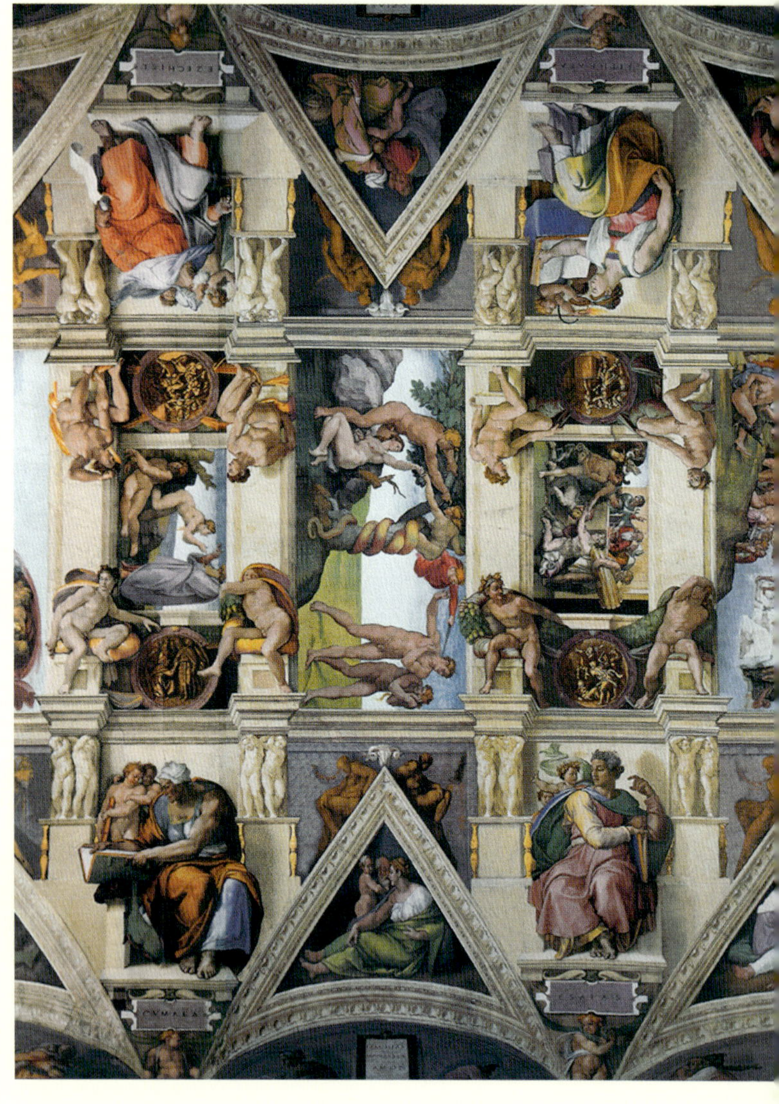

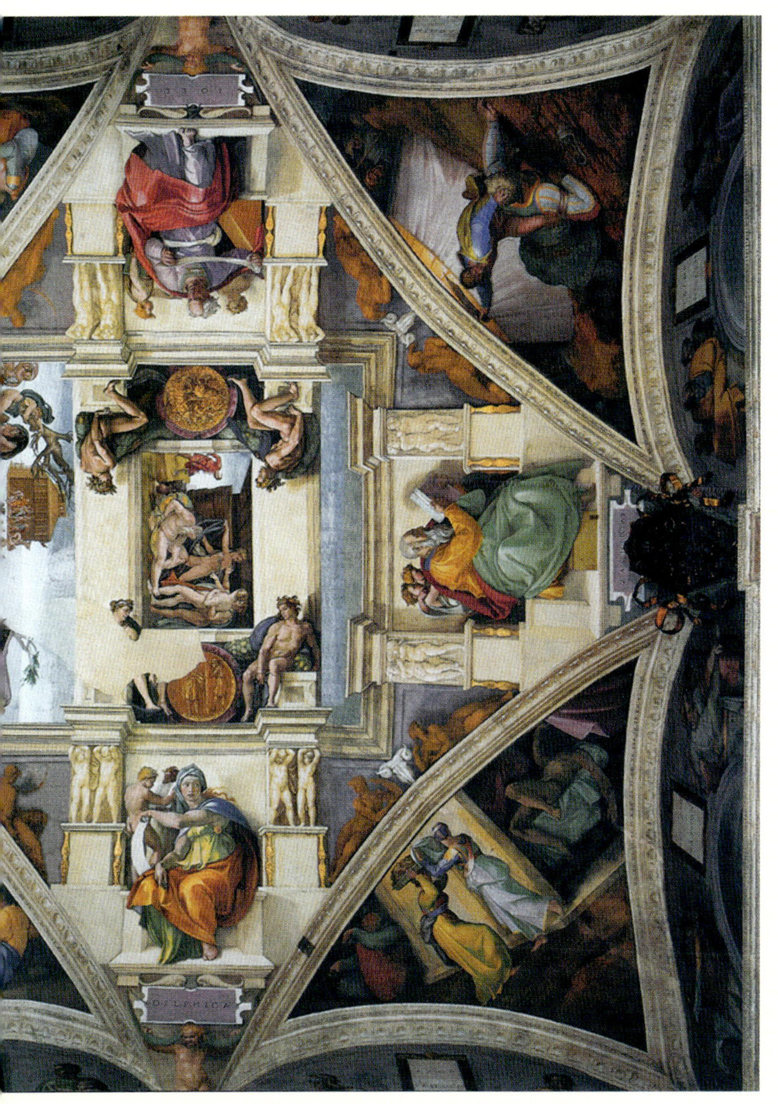

12 Deckenfresko der Sixtinischen Kapelle, 1508–1510 (von der *Erschaffung Evas* bis zur Eingangswand)

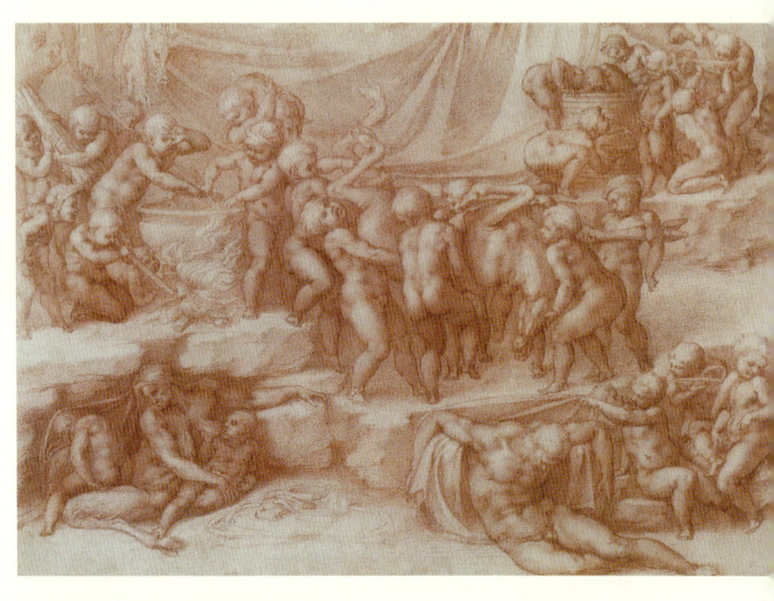

13 *Puttenbacchanal*, 1533. Rötel, 27,4 × 38,8 cm.
Windsor, Royal Library

Auch Michelangelos Pinselführung gewann mit der größeren Schnelligkeit der Ausführung im Laufe der Jahre eine Freiheit im Ausdruck, eine Note von *Nonfinito*, die dem Werk zustattenkam. Die Figuren in den Lünetten hat er nicht mit Kartons vorbereitet, sondern freihändig in je drei Tagewerken ausgeführt. Kurz bevor das Fresko am 1. November 1512 aufgedeckt wurde, teilte Michelangelo seinem Vater lakonisch mit: *Ich habe die Kapelle fertiggestellt, die ich malte; der Papst ist ziemlich zufrieden. Aber die anderen Sachen gelingen mir nicht, wie ich gehofft habe. Schuld sind die Zeiten, die stark gegen unsere Kunst sind.* Julius II. war im Verbund mit der Hl. Liga das damals nahezu Unmögliche gelungen, die Franzosen aus Oberitalien zu vertreiben, nachdem er sich wieder mit Kaiser Maximilian I., den zuvor geschlagenen Venezianern, den Schweizer Eidgenossen und dem König von Aragon verbündet hatte. Den daran anschließenden Triumph durch die Stadt Rom trat er von San Pietro in Vincoli an, wo im Hof des Konventes bis heute ein Brunnen an die Siege dieses Papstes erinnert, dessen protobarocke Form vermutlich auf Michelangelo zurückgeht. Man muss aber nicht glauben, dass Michelangelo das Tun seines Mäzens guthieß, wenn er dichtete: *Hier macht aus Kelchen Helme man und Klingen, / Nach Maß verschachert man des Heilands Blut, / Für Schild und Lanze tauscht man Kreuzes Gut, / Selbst Christi Langmut würde man bezwingen …* (Redslob 1964, S. 41).

Im Februar 1513 verstarb Julius II. Wie der Kontrakt für sein Grabmal vom Mai 1513 beweist, gelang es Michelangelo, den Nepoten Kardinal Leonardo della Rovere zu einer erheblichen Aufstockung der hinterlassenen Summe von 10 000 Dukaten um 6500 Dukaten zu bewegen, die der Rovere aus eigener Tasche dazuzahlte. Man vergleiche diese exorbitante Summe mit den üblichen 800 Dukaten für das Grabmal eines Papstes! Allerdings war Michelangelo immer der Ansicht gewesen, für die Sixtinische Decke nur die Hälfte des versprochenen Lohnes erhalten zu haben. Er überzeugte die Testamentsexekutoren durch ein Holzmodell des Grabmals, dessen Beschreibung dem Kontrakt angefügt ist und in den Grundzügen einem großen Entwurf ähnelt, der im Berliner Kupferstichkabinett und in einer besser lesbaren Kopie erhalten ist (Abb. 14). Zentrum des mehrstöckigen Monumentes ist der hinfällig auf seinen Sarkophag gebettete Pontifex, den zwei Engel dem Betrachter entgegenheben, die zu stiller Versenkung in ein grandioses Geschehen einladen, das die herabschwebende Madonna mit dem segnenden Kind auf ihrem Arm zeigt. Dieser von einer hohen Rundnische hinterfangene Aufbau ruht auf einem Sockelgeschoss, das gemäß dem Kontrakt bedeutend tiefer sein sollte, als es die Zeichnung erkennen lässt. Aus weiten Nischen treten hier die bereits vom Freigrab bekannten Viktorien hervor, neben denen Gefangene in variantenreichen Posen an halbfigürliche Pilaster (*Termini*) gebunden erscheinen.

Was realisierte Michelangelo von diesem hochfliegenden Plan zwischen 1513 und 1516? Zuerst erwarb man für ihn ein Wohnhaus mit Garten und Werkstatt am Macello de'Corvi in der Nähe der Trajanssäule, das schließlich in seinen Besitz überging. Er stellte ein kompetentes Team aus bekannten Steinmetzen und dem Maurermeister Bernardo Pistocchi zusammen, der später auch die Medici-Kapelle und die Biblioteca Laurenziana aufmauerte. Für die Marmorornamente gewann er den besten Steinmetz von Rom, Antonio da Pontassieve. So war es kein Wunder, wenn man bereits im August 1514 mit dem Untergeschoss einer Grabmalsseite fertig war, die man später in San Pietro in Vincoli vermauert hat (Abb. 24). Weiterer Marmor für die Grabmalsarchitektur stand nicht zur Verfügung.

Michelangelo widmete sich nach ausführlichen Studien erst einmal kleinen Tonmodellen für seine *Gefangenen* (*prigioni*). Sie sind mehr als erstaunlich in der Neuheit ihrer Konzeption, in der der Künstler die *conditio humana* im Konflikt von Gebundensein und Freiheit reflektiert. Diese Skulpturen erinnern an das Motiv unterworfener Gefangener an den römischen Triumphbögen, sind aber in unbestimmter Nacktheit ersonnen und auch nicht wie im Triumph gefesselt, sondern von einem inneren Erleben erfüllt, das den Betrachter unmittelbar ergreift. Der wie in Traum und Schlaf hineinsinkende sog. *Sterbende Sklave* des Louvre geht entfernt auf die antike Skulptur eines

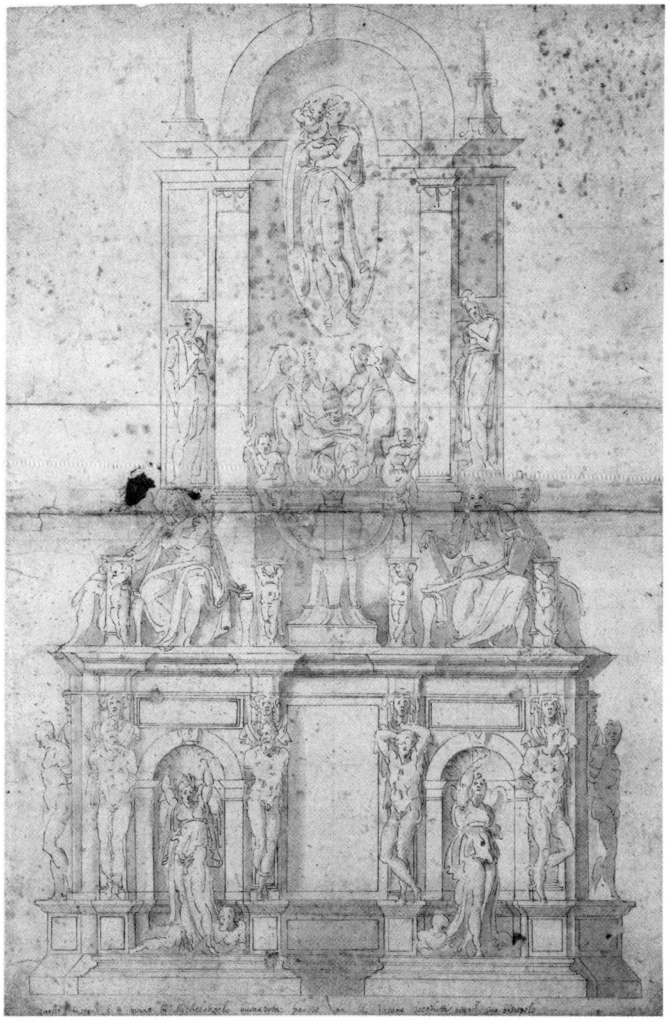

14 Jacopo Rocchetti, Kopie nach Michelangelos Entwurf für das Juliusgrabmal, vor 1569. Griffel, Feder, Lavur, 57,3 × 38,7 cm. Berlin, Staatliche Museen zu Berlin – Preußischer Kulturbesitz, Kupferstichkabinett

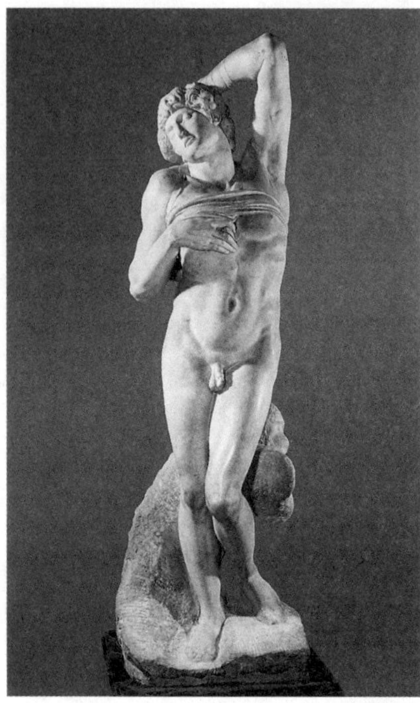

15 *Sterbender Sklave*, ca. 1513–1514. Marmor, 229 cm. Paris, Musée du Louvre

sterbenden Niobidenjünglings zurück (Abb. 15). Der *Rebellische Sklave* dagegen, der gegen eine Fesselung im Rücken anstrebt, erhebt sein Antlitz zur Höhe, als erhoffe er von dort Erlösung. Von 1519 bis 1523 schuf Michelangelo in Florenz aus neu gebrochenen Blöcken weitere sog. *Sklaven*, die aus ihrer zeitweiligen Vermauerung in der Grotte des Boboli-Gartens ihren Namen erhielten. Bei dem ersten Paar stemmt sich der eine mit noch junger Kraft gegen seine Bande, der andere, bärtige, zeigt sich durch langes Ringen beladen, müde und langsam in seinen Gesten. Michelangelo steigerte ihre Ausdruckskraft durch eine Bearbeitung der Blöcke von der vorderen Schmalseite her; die Gebärden der beiden entfalten sich daher über die Schrägseite der Blöcke. Beim nächsten Paar brach der Künstler die Blöcke von je einer der Kanten her auf und drang von dort bis zur Leibesmitte vor, um sich von dort wieder zu den noch kaum definierten Gliedmaßen vorzuarbeiten. Der als *Atlas* Bezeichnete stemmt sich fast zornig gegen jede Form der Gebundenheit; der als Gegenstück konzipierte *Erwachende* lehnt sich in einer Weise zurück, als erwarte er von oben erlösendes Licht. Oberhalb einer solchen Gruppe muss man sich die Gestalt des *Moses* aufgestellt denken. Bis 1523 hat der Künstler weiter eine der Viktorien in die Tat umgesetzt, die jetzt von männlichem Geschlecht ist, schlank und hoch mit einem Knie auf einen Unterworfenen herabdrückt, während der Oberkörper noch von momentaner Bewegtheit erfüllt ist. Denkt man sich diese steil aufgerichtete Doppelfigur der *Vittoria* (heute Palazzo Vecchio) zwischen die gegengleichen Bewegungen des *Jugendlichen* und des *Bärtigen Sklaven* eingerückt, gewinnt man einen ersten Eindruck von Michelangelos Planung der mehrfigurigen Großgruppen für dieses Projekt.

Obwohl Michelangelo mit den frühen Skulpturen des *Moses* und des ersten Paars der *prigioni* ausgelastet war, meißelte er für Metello Vari 1514 die erste Fassung einer Christus-Statue für einen Pfeiler zuseiten des Hauptaltars in der Kirche Santa Maria sopra Minerva. Als sich im Inneren des Blocks eine schwarze Ader zeigte, schuf er 1519–1520 eine zweite veränderte Fassung, in der Christus nun aktiv aus der Tiefe der Nische heraustritt und als Auferstandener mit seiner Rechten das Kreuz und weitere Werkzeuge der Passion umfasst.

Seit ca. 1512 unterstützte Michelangelo außerdem den venezianischen Maler Sebastiano del Piombo mit Entwürfen, um im Verein von Florentiner *Disegno* und venezianischem Kolorit – und dies lange bevor Tintoretto dasselbe Konzept entwickeln sollte – Raffael Konkurrenz zu machen. Erste Studien lieferte Michelangelo für die Madonna in Sebastianos *Pietà* in Viterbo. Größer angelegt war ihre Zusammenarbeit bei dem Auftrag für eine *Erweckung des Lazarus*, die Kardinal Giulio de'Medici zusammen mit Raffaels *Transfiguration* für die Kathedrale von Narbonne als Geschenk vorgesehen hatte. Da Raffaels Altarbild sehr lange auf sich warten ließ, hatte Michelangelo ebenfalls eine Serie von Skizzen für eine *Verklärung Christi* entwickelt,

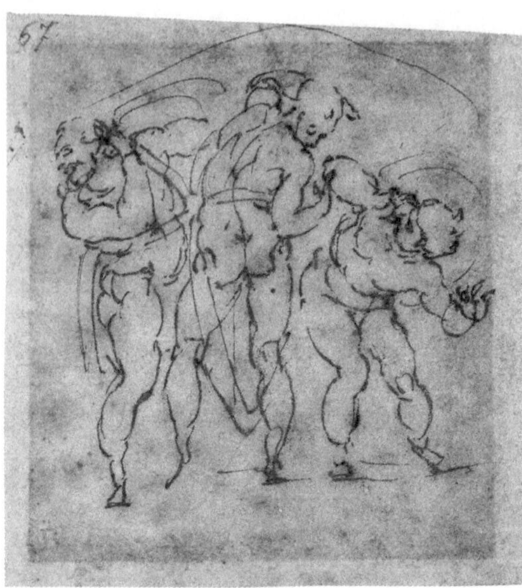

16 Skizzen dreier Apostel für eine *Verklärung Christi*, ca. 1517. Feder, 11 × 11,6 cm. Florenz, Casa Buonarroti

die jüngst diesem Projekt zugewiesen werden konnte (Abb. 16). Die beiden Künstler setzten ihre Zusammenarbeit in der Cappella Borgherini von San Pietro in Montorio fort, die der Cappella delle Stimmate, für die Michelangelo seine frühe Franziskustafel angefertigt hatte, direkt gegenüberliegt und die Themen der *Geißelung Christi* wie der *Transfiguration* aufweist. Sebastiano ließ sich von Michelangelo dafür mit Zeichnungen versorgen, erwies sich aber ganz selbständig bei ihrer Umsetzung. Kein Glück hatten die beiden mit dem Plan, nach dem Tod Raffaels die Ausmalung der Sala di Costantino an sich zu ziehen. Giulio de'Medici ließ sich von Michelangelos mit beißender Ironie vorgetragenem Vergleich, auch einem feinen Gaumen schmecke hin und wieder ein deftiges Gericht – womit seine Kunst im Unterschied zu der Raffaels gemeint war –, nicht überzeugen.

4. Im Dienst der Medici und der Republik Florenz

Die Medici – durch Kardinal Giovanni (später Papst Leo X.) 1512 triumphal wieder nach Florenz zurückgekehrt – rückten als Mäzene erneut in den Fokus. Für Leo X. schuf Michelangelo ca. 1514 eine kleine Kapellenfassade auf der Engelsburg, später aber gelang es ihm, die Planung der Fassade von San Lorenzo in Florenz zu übernehmen, die er als herausragendes Exempel eines epochal neuen Stils, Architektur und Skulptur miteinander zu vereinen, gestalten wollte. Dem Palast der Medici gegenüber gelegen, war die Fassade der Basilika von San Lorenzo ein prestigeträchtiges Projekt, das städtebaulich einen bedeutenden Akzent gesetzt hätte. An der Konkurrenz für die Gestaltung der Fassade beteiligten sich die namhaftesten Architekten der Zeit, doch Michelangelo, der eigentlich durch das Juliusgrabmal auf viele Jahre hin gebunden war, wusste durch geschickte Manöver den Auftrag an sich zu ziehen, der es ihm erlaubte, auch wieder zusammen mit seiner Familie in Florenz zu leben. Die Planung in vielen Etappen zog sich von 1516 bis Anfang 1518 hin. Das Holzmodell in der Casa Buonarroti zeigt eine Schirmfassade, die auf den basilikalen Querschnitt der Kirche keine Rücksicht nimmt (Abb. 28). Der dreigeschossige Aufriss umfasst ein Erdgeschoss mit drei Eingängen und sechs Figurennischen, die zwischen korinthischen Säulenpaaren heraustreten. Ein niedriger Zwischenstock sollte sitzende Bronzefiguren und thematisch passende Bronzereliefs aufnehmen, der Oberstock weitere Figuren, große Tondi und ein zentrales Fenster. Das geplante Werk besaß eine Monumentalität, die barocke Fassadengestaltungen vorausahnen lässt. Die Jahre 1516–1519 verbrachte Michelangelo mit der umständlichen Marmorbeschaffung für das Juliusgrabmal wie für die Fassade. Ca. 1519 gestaltete er auch die auf Voluten ruhenden, daher als *finestre inginocchiate* (kniende

Fenster) bezeichneten Ädikulen am Palazzo Medici, als man dort eine zuvor offene Loggia mit Wänden schloss und diesen Raum durch Giovanni da Udine mit Stuck und Fresken ausschmücken ließ.

Das Fassadenprojekt wurde nach dem Tod der beiden jungen Medici, Giuliano, Herzog von Nemours, und Lorenzo, Herzog von Urbino, eingestellt. Als Ersatz plante Kardinal Giulio de'Medici die Neue Sakristei sowie die Biblioteca Laurenziana. Die Kirche bzw. der Konvent von San Lorenzo sollte beide Bauten aufnehmen. Cosimo der Ältere war dort unter der Vierung begraben. In der Alten Sakristei, mit der man den Neubau der Basilika 1418 begonnen hatte, ruhten seine Söhne Piero und Giuliano de'Medici in einem kostbaren Sarkophag. Die neue Grablege für die jüngst verstorbenen letzten Hoffnungsträger der Familie sollte auch die Väter der beiden Päpste, genannt die Magnifici aufnehmen, nämlich Lorenzo il Magnifico, den Vater Leos X., sowie seinen Bruder Giuliano de'Medici, den die Pazzi 1478 ermordet hatten. Darüber hinaus dachte Kardinal Giulio daran, Grabmäler für Papst Leo X. wie für sich selbst in die Planung einzubeziehen. Die zahlreich dafür gelieferten Entwürfe konnte Michelangelo bedauerlicherweise nie verwirklichen.

Die Grundsteinlegung für die Neue Sakristei an San Lorenzo fand im November 1519 statt (Abb. 29). Der dichte Austausch zwischen dem kunstsinnigen Auftraggeber, der immer *qualche fantasia nuova* wünschte, und Michelangelo lässt sich durch eine Fülle von Dokumenten und Entwürfen genau verfolgen. Erste Studien für ein sehr kleines vier- oder achtseitiges Freigrabmal in der Kapelle sind nach einem Jahr Bauzeit für den Spätherbst/Winter 1520/21 gesichert. Als aber Giulio de'Medici im Februar 1521 nach Florenz zurückkehrte, besprach er mit Michelangelo neue Ideen für die Grabmonumente, die jetzt an der Wand zwischen den großen Pilasterarkaden aus *pietra serena* Platz finden sollten, die 1521 bereits versetzt wurden. Im Februar 1521 bestellte Michelangelo in Carrara den Marmor, doch nach dem Tod Leos X. verzögerten sich die Lieferungen aus Geldmangel. In diesen Jahren unterstützte sein Nachfolger Papst Hadrian VI. mit Nachdruck die Forderung der Della Rovere, dass Michelangelo das Juliusgrabmal beende, ein Wunsch, dem er durch die zusätzliche Ausführung der bereits erwähnten *Boboli-Sklaven* und der *Vittoria* bis 1523 nachkam. Erst nach dem Tod Hadrians VI. im Herbst 1523 bestieg Kardinal Giulio als Clemens VII. den päpstlichen Thron, der Michelangelo sofort nach Rom reisen ließ, um die Fortführung der Neuen Sakristei wie der Bibliothek zu besprechen. Der Kapellenbau war im Frühjahr 1524 einschließlich der mit einem Säulenkreis ausstrahlenden Laterne über niederer Kuppel vollendet.

Die aufwendige Innenausstattung schritt in einer ersten Kampagne vom Januar 1524 bis Ende 1526 mit Unterstützung eines umfangreichen Mitarbeiterstabs zügig voran. Das Besondere der Neuen Sakristei, die man ausschließlich als Kapelle, nicht als Sakristeiraum nutzte, besteht in ihrer Gestaltung im Sinne eines Zentralbaus. So wurden die großen Sarkophage, auf denen wohl Clemens VII. bestanden hatte, nicht in die üblichen Wandnischen eingestellt, sondern auf eigenen Sockeln vor die fassadenartig gestaltete Grabmalsarchitektur herausgerückt, die aus einem Sockelgeschoss und einem dreiteiligen Hauptgeschoss besteht und in deren Zentrum im Westen und im Osten je eine der Herzogsfiguren thront. Besonders ungewöhnlich war es, in gleicher Weise auch den Altarblock aus der Kapelle herauszurücken, was den Vorteil hatte, dass der Priester nun zum Licht hin zelebrieren konnte. Zu dieser gleichförmigen Behandlung aller wesentlichen Teile gehört außer der Rhythmisierung der vier Wände durch eine korinthische Pilasterordnung in *pietra serena* eine Füllung der schmalen Joche zuseiten der zentralen Arkaden mit je einer Tür, von denen nur vier benutzt wurden, und einer darüber aufgehenden Ädikula. Dieses umlaufende, kohärente System aus einem dreiteiligen Mitteljoch und zwei schmalen Seitenjochen mit Tür und Supraporte sollte für die darauffolgenden Künstler für Raumgliederungen aller Art maßgebend werden. Durch die achtseitige Laterne empfängt der sehr hohe Raum Licht, das auf den großen Lünetten über den Grabmälern reflektiert und in helles Streulicht verwandelt wird.

Durch die trapezförmigen Fenster in diesen Lünetten fällt, über eigene Schächte gelenkt, zusätzlich Licht auf die Skulpturen.

Berühmt aber ist der Raum durch seine unvergleichlichen Skulpturen, die nach originalgroßen Modellen zwischen 1524–1526 und 1530–1534 unter Mithilfe der Werkstatt sowie der jungen Bildhauer Giovan Angelo Montorsoli und Raffaello da Montelupo entstanden sind. In einem Gedichtfragment erläuterte Michelangelo seine Konzeption, in der es heißt, Tag und Nacht sprächen miteinander und sagten: *Durch unseren schnellen Lauf haben wir den Herzog Giuliano zu Tode gebracht. Da ist es nur Recht, wenn er sich an uns rächt, und er uns so, wie wir ihm, das Licht fortnimmt und er uns mit seinen geschlossenen Augen die unseren verschließt, die nun nicht mehr über die Erde leuchten. Was also hätte er mit uns gemacht, solange er lebte?* Der schöne, wenn auch außergewöhnliche Gedanke dieser Zeilen ist: Nur durch den lebendigen Menschen tritt die Zeit überhaupt in ihre Existenz, und zwar als eine durch sein Tun erfüllte.

Daher gehört der Tod ins Reich der Zeit, personifiziert in den Statuen von *Morgen* und *Tag*, *Abend* und *Nacht*. Unter dem Herzog Giuliano erhebt sich der *Tag* mit seinen herkulischen Kräften, trotz aller inneren Gespanntheit sich selbst fesselnd mit seinen Armen (Abb. 17). Die schöne *Nacht*, mit Mond und Stern in ihrem Haar, verschließt sich mit edlen Gebärden in ihr eigenes Dunkel (Abb. 18). Soll diese Selbstfesselung des einen und das Sich-Verschließen der anderen andeuten, beide seien durch den Tod des Herzogs ihrer Wirkmächtigkeit beraubt worden? Denkt man an die in ähnlichen Gebärden sich windenden *Sklaven* des Juliusgrabmales zurück, die der Tod des Papstes in seinen Bann geschlagen hat, kann man einen verwandten Gedanken auch für die Gestalten auf den Sarkophagen in der Neuen Sakristei in Erwägung ziehen. Auf der Seite des Herzogs Lorenzo erwacht der *Morgen* in Gestalt einer anmutigen jungen Frau, die der Gürtel der Venus schmückt (Abb. 29). Sie ist nackt, aber doch bereits mit dem Witwenschleier an Haupt und Rücken umhüllt. In der Nachtruhe hat sie den Schmerz ihres Verlustes kurz vergessen können, beim Erwachen

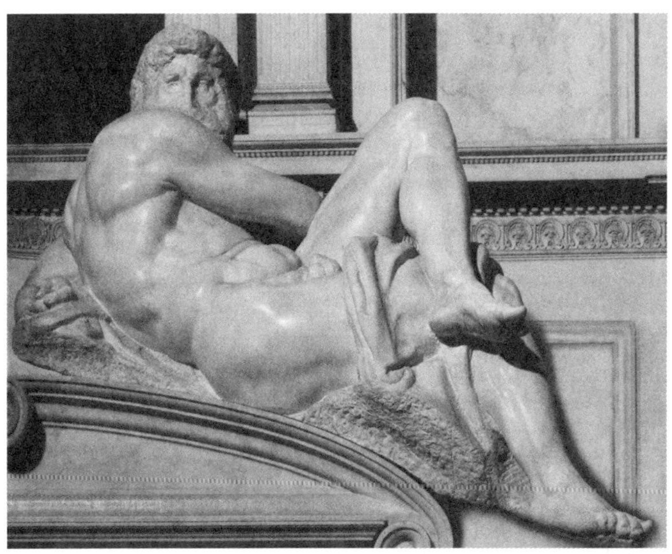

17 *Giorno*, ca. 1524–1531. Marmor, 102 cm hoch × 210 cm lang. Florenz, San Lorenzo, Neue Sakristei

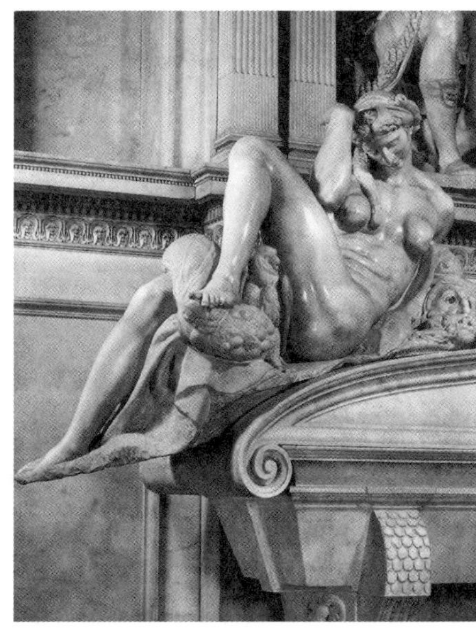

18 *Notte*, ca. 1524–1531. Marmor, 108 cm hoch × 206 cm lang. Florenz, San Lorenzo, Neue Sakristei

kommt die Erinnerung an den Tod des Herzogs zurück und mit Seufzen sinkt sie zurück. Der *Abend* in Gestalt eines reifen Mannes senkt mit den länger werdenden Schatten des Tages sein sinnendes Haupt in schmerzlichem Wissen. Im Fließen des Wassers, wie es die *Flussgötter* zu ihren Füßen angedeutet hätten, wird das Unaufhaltsame des Vergehens alles Irdischen eindringlich vor Augen geführt. Von den geplanten Flussgöttern hat sich ein Modell erhalten, das man restauriert und in digitaler Form wieder in seine ursprünglich halb sitzende, halb lagernde Haltung zurückgebracht hat; in dieser Form hätte es sich genau auf einem der quadratischen Sockel neben dem Sarkophag des Herzogs Lorenzo einfügen lassen (heute Accademia del Disegno, Florenz).

Als Michelangelo Florenz 1534 verließ, hatte er mit Unterstützung des Frate Montorsoli die beiden Herzogsstatuen in ihre Nischen versetzt. Von den vier Tageszeiten hatte er ca. 1531 die beiden weiblichen Skulpturen vollendet, da nur eine polierte Oberfläche ihre feinporige Haut wiedergeben konnte. Die männlichen Skulpturen ließ er in unfertigem Zustand zurück. Alle vier Skulpturen versetzte erst der Bildhauer Tribolo 1546 auf die Sarkophage.

Für das Grabmal der Magnifici, das gleichsam als Retabel für den gegenüberliegenden Altar diente, sah Michelangelo eine elegante Gliederung der Grabarchitektur mit eingestellten Säulen vor, wie er sie in bedeutend größerem Maßstab auch im *Ricetto* der Bibliothek ausführen ließ. Obwohl 1534 die Marmorteile dafür fast fertig vorlagen, hat man diesen innovativen Aufriss nicht verwirklicht und stattdessen die Skulptur der *Madonna mit ihrem Kind*, die Michelangelo ungeglättet zurückließ, den *Hl. Cosmas* des Frate Montorsoli sowie den *Hl. Damian* des Raffaello da Montelupo über einem schlichten Sarkophag 1559 aufgerichtet.

Ungewöhnlich für den heutigen Betrachter wäre der farbige Schmuck aus Stuck der Neuen Sakristei, den Giovanni da Udine auf Wunsch Clemens' VII. in den Kassetten und auf den Stegen des Gewölbes 1531/32 ausgeführt hat. Durch ständigen Wassereintritt beschädigt, wurde er im 18. Jahrhundert entfernt – es waren kleine Szenen in weißem Stuck mit etwas Vergoldung auf farbigem oder auch hellem Grund. Diese sehr diskrete Verzierung missfiel Clemens VII., der von ihr allerdings nur brieflich erfahren hatte. Weitere Stuckreliefs in den Lünetten über den Grabmälern und in den Tondi kamen nicht zur Ausführung, da Giovanni da Udine sich zu großfigurigen Szenen nicht befähigt fühlte.

Trotz dieser reichen, ja unvergleichlichen Ausstattung darf man nicht annehmen – und Michelangelo wusste dies –, man habe diese Kapelle ungehindert besichtigen dürfen. Sie war immer verschlossen, und ihr Besuch nur wenigen erlesenen Personen gestattet; denn in ihr lagerten über Jahrhunderte die Särge der verstorbenen Herrscher der Toskana und ihrer Familie. Die Neue Sakristei war als Reich des Todes konzipiert und blieb dies, bis man sie 1869 zum Nationalmonument erhob und daraus ein von Menschen überlaufenes Museum machte.

Parallel zur Medici-Kapelle führte Michelangelo mit einem zweiten, erheblich größeren Mitarbeiterstab die Biblioteca Laurenziana (1524–1534, 1555–1559) aus, die Clemens VII. in Anlehnung an die Bibliothek des Klosters von San Marco wünschte, welche sein Vorfahr Cosimo der Ältere für die allgemeine Nutzung hatte errichten lassen (Abb. 30). Der schließlich gewählte Ort der Laurenziana lag über den Räumen des Konventes, dessen Mauern verstärkt werden mussten, um die Auflast der Bibliothek tragen zu können. Sie besteht aus einem monumentalen Stiegenhaus (*Ricetto*) und einem Lesesaal, in dem die Bücher an den Pulten befestigt wurden. Der *Ricetto* erweist sich als besonders hoch und steil, da einerseits eine Treppe die Höhendifferenz zwischen dem Boden des Empfangsraumes und dem Lesesaal überwinden musste, andererseits Clemens VII. darauf bestanden hatte, den Raum zuoberst nicht durch ein mittiges Oberlicht, das nur umständlich sauber zu halten gewesen wäre, sondern durch Fenster in einem zweiten Geschoss zu belichten. Am Hauptgeschoss konkurrieren Wandblöcke und dunkle Säulenpaare aus *pietra serena* bewegungsmächtig miteinander. In die Wandblöcke sind weiter Ädikulen eingetieft, die abstrakte Termen-Pilaster rahmen. Über ihnen untergliedern schmal gerahmte Rechtecknischen die weißen Flächen. Der Türrahmen zum Lesesaal steigert die Ädikulenform zu kaum überbietbarer Monumentalität. Die freistehende, dreiläufige Treppe, aufgebaut im mittigen Lauf aus neuartigen *ovalen Schachteln*, hat Bartolomeo Ammannati erst ca. 1559 nach einem Modell Michelangelos und seinen schriftlichen Vorgaben errichtet, allerdings auf Wunsch von Cosimo I. in *pietra serena* und nicht in Nussholz, was Michelangelo vorgeschlagen hatte.

Im Unterschied zum grandiosen *Ricetto* weist der Lesesaal passend zur Ruhe des Studiums eine zurückhaltendere Gliederung auf. Die neuartige, sehr flache Holzdecke geht auf eine Anordnung Clemens' VII. zurück, dem die üblichen Kassettendecken nicht gefielen. In die querrechteckigen Gevierte des Mittelstreifens der Decke setzte Michelangelo langgestreckte Ovale, die das Motiv der Treppe im *Ricetto* fortsetzen und sich im Muster des Fußbodens spiegeln, der in seinem Terracottaton das Braun der Holzpulte aufnimmt. Nicht realisiert wurde eine *Geheime Bibliothek*, die Michelangelo in Form eines Dreiecks mit raffinierter Beleuchtung entworfen hatte.

Für die Kirche San Lorenzo war Michelangelo außerdem für Clemens VII. mit der langwierigen Planung erst für ein Ziborium, dann für eine Tribüne beschäftigt, in der der kostbare Reliquienschatz von San Lorenzo aufbewahrt und den Gläubigen vorgezeigt werden konnte. Für das Ziborium, das aus überstuckiertem Holz im Chor von San Lorenzo errichtet werden sollte, sind von Michelangelos Hand ein Grundriss und eine Serie zartgliedriger Kapitellstudien erhalten. Die *Tribuna delle reliquie* hat Michelangelo schließlich 1531/32 hoch über dem Eingang in die Basilika an der inneren Fassade in schlichten Formen angebracht.

Weniger die erneute Vertreibung der Medici aus Florenz als die Ausrufung der Republik im Mai 1527 konnte Michelangelo als freiheitsliebender Mann nur begrüßen, musste aber wie schon früher fürchten, dass sie nicht allzu lange Bestand haben würde; seine spätere Flucht aus dem Kampfgebiet nach Venedig von September bis November 1529 spricht hier Bände. Dennoch schlug er sich nicht auf die Seite der Medici, die er als Mäzene, nicht aber als absolute Herren der Stadt schätzte. Für die Republik plante er 1528/29 die Befestigung bzw. den Neubau der Bastionen von Florenz, nachdem ihn bereits 1527 Clemens VII. zum Befestigungsmeister der Stadt Bologna ernannt hatte. Für die Florentiner Bastionen schuf er eine Reihe beeindruckender Entwürfe, die heute noch in der Casa Buonarroti zu sehen sind. Den Turm der Kirche von San Miniato sicherte er mit Matratzen bzw. Wolldecken gegen die Geschosse. Nach einem Studium der Befestigung von Pisa reiste er Ende Juli 1529 zu Alfonso d'Este, um dessen Festungsbauten in Ferrara zu besichtigen; der Herzog ließ sich die Gelegenheit nicht entgehen, bei Michelangelo eine *Leda mit dem Schwan* zu bestellen.

Niccolò Capponi, neuer Gonfaloniere der Republik Florenz, gewann Michelangelo seinerseits für die Ausführung eines Gegenstücks zum kolossalen *David* vor dem Palazzo della Signoria. Bereits 1525 hatte Giulio de'Medici diesen renomméeträchtigen Auftrag, der einen Herkules vorsah, der den Cacus erschlägt, an Baccio Bandinelli statt an Michelangelo vergeben, um die Arbeiten in San Lorenzo nicht zu gefährden. Durch den Politikwechsel war Bandinelli als Parteigänger der Medici seines Auftrages verlustig gegangen, der nun Michelangelo zufiel. Er entschied sich, den von Bandinelli bereits teilweise ausgehauenen Block (wie bei der Statue des *David*) keineswegs als Hindernis für die eigene Planung anzusehen, sondern durch eine neuartige Dreifigurengruppe künstlerisch zu übertreffen; sie sollte von allen Seiten überraschende Ansichten bieten. Das Modell dieses *Samsons mit zwei Philistern*, das verschiedene Kleinbronzen im Bargello und im Louvre überliefern, war ein Meilenstein künstlerischer Erfindung. Es zeigt einen Samson, der auf einem toten, gewunden unter seinen Füßen liegenden Philister steht, und, sich nach hinten beugend, mit seiner Keule einen zweiten Philister bedroht, der sich durch seine gespreizten Beine schiebt, um ihn zu Fall zu bringen. Diese epochale Erfindung verarbeitete nicht nur Cellini in seinem *Perseus* über der getöteten Medusa, sondern in besonderer Weise auch Giambologna in seinem *Raub einer Sabinerin* in der Loggia dei Lanzi.

Nachdem sich der nach dem Sacco di Roma aufs Äußerste bedrängte Clemens VII. mit dem siegreichen Kaiser Karl V. verbunden und ihn 1530 in Bologna gekrönt hatte, rückten die kaiserlichen Truppen auf Florenz vor, das sich als einzige Macht Karls Friedensangebot widersetzt hatte. Michelangelo fürchtete um sein Leben und wurde von dem Kanoniker und späteren Prior von San Lorenzo, Battista Figiovanni, der auch für Michelangelos Projekte an San Lorenzo zuständig war, versteckt. Baccio Valori veranlasste Malatesta Baglioni im August 1530 zum Verrat der Stadt an die kaiserlichen Truppen und regierte nach der Rückkehr der Medici, die Michelangelo verziehen, als Herr über Leben und Tod in Florenz. Für diesen schuf Michelangelo circa 1530–1532 eine kleine Apollo-Statue. Diese noch ungeglättete Skulptur wird in der Literatur häufig als *David-Apollo* bezeichnet, da man nicht glauben mochte, in dieser kleinen Gestalt eine Gottheit ausgedrückt zu finden, die dem *Apollo* im Hof des Belvedere im Vatikan so wenig glich. Wie beim *Bacchus* aber ließ sich Michelangelo, der kein Klassizist war, nicht durch überlieferte Kunstwerke der Antike inspirieren, sondern zog seine Vision aus der antiken Dichtkunst, in der Apoll oft als ewig junger Ephebe verherrlicht wird. Nachzeichner der Statue haben diese Ikonographie durchaus verstanden und gewusst, dass der Jüngling mit seiner Linken nach rückwärts greift, um einen Pfeil aus dem Köcher zu ziehen, mit dem er treffsicher die Pythonschlange töten wird. Ob dieser *Apollo-Sol* je im Palast des Valori aufgestellt wurde, ist ungewiss. Als man Valori nach kurzer Zeit absetzte, wechselte auch dieser auf die Seite der Antimediceer und wurde nach der verlorenen Schlacht von Montemurlo 1537 wegen Hochverrats hingerichtet. Sein *Apollo* ging daher in Mediceischen Besitz über und befindet sich heute im Bargello.

Schon bald nämlich hatte ein Vertrauter Clemens' VII., Nicolas von Schomberg, Valori im Amt abgelöst. Seinem persönlichen Einsatz war es zu verdanken, dass Michelangelo trotz der vielfältigen Verpflichtungen für den Papst wenigstens den Karton für ein *Noli me tangere* zeichnen durfte, den der General des Kaisers Alfonso d'Avalos, Marchese del Vasto und Pescara, für seine Adoptivmutter Vittoria Colonna bei Michelangelo bestellen wollte, die die Hl. Magdalena in besonderer Weise verehrte. Mit diesem im Herbst 1531 schnell angefertigten Karton soll Michelangelo nicht recht zufrieden gewesen sein, wie wir durch einen Brief seines Schülers Antonio Mini erfahren. Ausgeführt in Malerei hat ihn Pontormo in Michelangelos Atelier unter seiner direkten Aufsicht. Das Gemälde zeigt im morgendlichen Zwielicht Magdalena vorsichtig auf Christus zuschreitend, den Arm schon ausgestreckt, um ihn zu berühren. Er steht ruhig lächelnd vor ihr, eine in den Arm eingehängte Hacke weist ihn als Gärtner aus. Mit feiner Geste weist er sie zurück und deutet damit die Worte an: *Berühre mich nicht, denn ich bin noch nicht zu meinem Vater aufgefahren.*

In diesen Jahren vor seiner endgültigen Übersiedelung nach Rom fertigte Michelangelo ca. 1532 auch noch eine große Anzahl von Entwürfen für eine *Auferstehung Christi* an. In einer kleineren Serie von Blättern erprobte er das Ereignis als vielfigurige Szene, wie sie auch Martin Schongauer ersonnen und gestochen hat, doch in der Vision des Florentiners drängt der Auferstandene mit solch athletischer Kraft aus dem Sarkophag heraus und mit Arm und Blick zur Höhe, dass die ihn bewachenden Soldaten entweder aus dem Schlaf gerissen werden oder vor Schreck zur Seite fahren. Diese Soldateska noch kunstvoller als auf dem *Karton der Badenden* zu kontrastreichen Gruppen zusammenzufügen, ist hier sein dezidiertes Ziel. Ob Michelangelo diesen Entwurf für die Lünette über dem Grabmal der Magnifici in der Medici-Kapelle vorgesehen hatte, den Giovanni da Udine sich weigerte auszuführen, oder ob er damit einen Ersatz für das 1522 zerstörte gleichnamige Fresko Ghirlandaios in der Sixtinischen Kapelle schaffen wollte, lässt sich vorerst nicht entscheiden. Auf mehreren Blättern gestaltete er Christus mit der Fahne seines Triumphes über den Tod in Händen oder in sublimer Ruhe auffliegend zum Himmel. In einer weiteren Entwurfsserie suchte er den Auferstehenden als Einzelgestalt zu fassen. Eine Studie in Windsor kommt in der Vollkommenheit der Körperdurchbildung, in der Helldunkelmodellierung seiner Vision wohl am nächs-

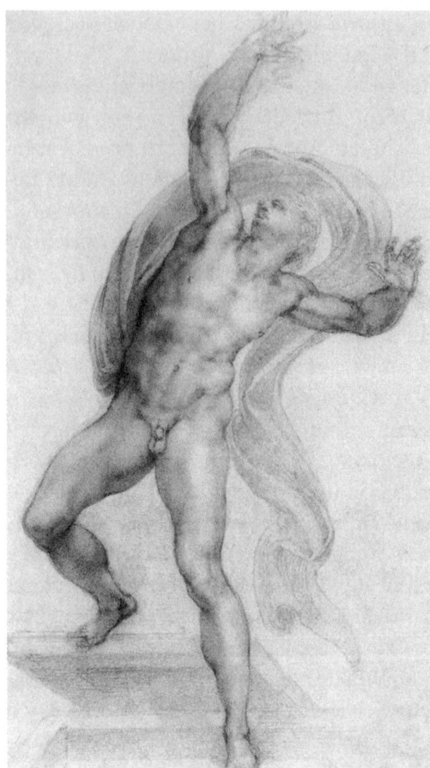

19 *Der auferstandene Christus*, ca. 1532. Schwarze Kreide, 37,3 × 22,1 cm. Windsor Castle, Royal Library

ten (Abb. 19). Unklar bleibt, ob diese Blätter für Sebastiano del Piombo gedacht waren, dem eine *Auferstehung Christi* in der Cappella Cesi in Santa Maria della Pace aufgegeben war, oder ob Michelangelo eine selbständige Zeichnung von besonderer Großartigkeit hervorbringen wollte, die er als Geschenk vorgesehen hatte.

5. Zeichnend dichten: *Teste Divine* und antike Mythen

Neben all diesen Großprojekten war Michelangelo umfassend für weitere Auftraggeber oder befreundete Künstler als Entwerfer für Grabmäler, Reliefs oder Gemälde tätig. Zu ihnen gehört auch der ca. 1523 entstandene Entwurf in Rötel einer *Kreuzabnahme*, die möglicherweise für den Sammler Kardinal Grimani gedacht war.

In diesen Jahren schuf Michelangelo eine Reihe exzeptioneller Zeichnungen als selbständige Kunstwerke, u. a. die *Teste Divine* als Geschenke für seinen Freund Gherardo Perini. Aus heutiger Sicht verwunderlich ist bei diesen *göttlich schönen Köpfen*, dass sie immer wieder auf Blättern zu finden sind, deren Rückseiten zuvor Antonio Mini mit seinen Zeichenübungen bedeckt hatte, den Michelangelo 1523 17-jährig als Gehilfen (*garzone*) in seinen Haushalt aufgenommen hatte, Anlass genug, die Zuschreibung der Blätter zu problematisieren, was hier aber kein Thema sein soll. Gherardo Perini war fünf Jahre jünger als Michelangelo und gehörte mit dem Kanoniker von San Lorenzo, Giovan Francesco Fattucci, und dem Goldschmied Piloto zum Freundeskreis um den Meister. Die drei Blätter, ausgeführt in schwarzer Kreide, die Michelangelo Perini schenkte, sind von ganz verschiedenem Tenor. Erstens handelt es sich um die sogenannte *Furia*, die Zeichnung eines heftig sich abwendenden Mannes, der im Zurückblicken etwas Entsetzliches zu sehen scheint. Muskulatur und Haut des Gesichtes verziehen sich so stark in Falten über und an der Nase, der Mund ist so weit geöffnet, wie es vorkommt, wenn einem vor Entsetzen der Atem stockt. Den inneren Aufruhr verbildlichen auch die aufzüngelnden Haare und ein wie vom Sturm aufgeblähtes Manteltuch. Michelangelo gelang hier das Meisterstück, einen extremen Affekt physiognomisch prägnant zum Ausdruck zu bringen, wie er im Barock in Berninis *Anima damnata* gipfeln sollte. Ein Vorbild war ihm dafür eine Kopfstudie Leonardos für den im hitzigsten Kampfgefecht angespannten Niccolò Piccinino in der *Anghiari-Schlacht*, auch wenn hier die Formen knapper gehalten sind. Die *Furia* hat man oft reproduziert. Am frühesten hat sie Rosso Fiorentino in Rom aufgegriffen und daraus eine fantastisch-grausame Szene entwickelt, in der eine ganzfigurige Furia auf einem Drachen reitet und mit einem Totenkopf und giftigen Schlangen droht. Caraglio hat dieses Blatt 1524 gestochen.

Das zweite Blatt für Gherardo zeigt drei weibliche Profilköpfe unterschiedlichen Alters, in denen Michelangelo der Naivität der blühenden Jugend die einsetzende Resignation der Frau mittleren Alters sowie die von Gram abgezehrten Züge der alten Witwe gegenüberstellt. Die dritte Zeichnung, bekannt als *Zenobia*, könnte jeden, der glaubt, Michelangelo habe keine Frauen in ihrer ganzen erotischen Anziehungskraft darstellen können, vom Gegenteil überzeugen (Abb. 20). Wir sehen eine grandiose Schönheit, aufwendig an Haar und Ohren geschmückt, in einem Kleid, das die üppig weichen Brüste bedenkenlos zeigt. Hat das vor ihr stehende Kind das Gewand geöffnet, um an der Brust zu saugen? Wie steht der bärtige Mann im Hintergrund zu ihr? Sie kümmert sich um beide nicht und zeigt sich nur in ihrer Absolutheit. Der Maler Bacchiacca bediente sich später ähnlich geschmückter Frauen in einer *Enthauptung Johannes des Täufers*, ohne ihren Reiz oder ihre Mächtigkeit auch nur entfernt nachahmen zu können.

Unter den Blättern mit Schülerskizzen könnten auch solche sein, auf denen der junge Andrea Quaratesi (1512–1585) mitgezeichnet hat und die man auf ca. 1524–1525 datieren kann. Wichtiger ist für uns aber sein Brustbild in schwarzer Kreide im British Museum, das Michelangelo um 1530 von ihm angefertigt hat: Der schmalschulterige Jüngling, mit Hemd, Weste und Mantel bekleidet, von einer weichen Kappe bedeckt, steht schräg vor dem, der ihn betrachtet (Abb. 21). Diesem wendet er sein feines Gesicht zu und hebt mit scheu gesenkten Lidern sanft, aber aufmerksam seinen Blick zu seinem Gegenüber auf. Dieses Bildnis

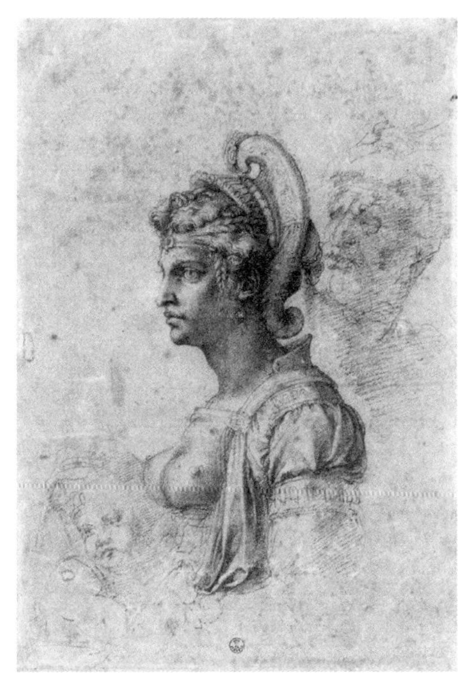

20 *Zenobia*, ca. 1525. Schwarze Kreide, 35,7 × 25,3 cm. Florenz, Uffizien, Gabinetto dei Disegni e Stampe

lässt erahnen, welch vornehmen Jünglingen und Männern man in Florenz begegnen konnte, die für ihre erlesene Schönheit in der Welt berühmt waren, wie z. B. Palla Strozzi, von dem Vespasiano Bisticci berichtet. Die *Mona Lisa* mag zu Recht so berühmt sein, aber ihr Blick ist keiner, der mit gleichem Gefühl aus dem Herzen über das Auge hervordringt und an seinem Gegenüber haften bleibt. In der Zartheit der Empfindung kann man es den Liebesgedichten des Meisters an die Seite stellen, die dieser vor allem seit den 1520er Jahren verfasste. Unbekannt ist, ob die Entwürfe in Rötel für drei *Arbeiten des Herkules* oder das Blatt mit den *Bogenschützen*, die mit ihren Pfeilen einen Terminus zu treffen suchen, während der immer unfehlbare Schütze Amor schläft, möglicherweise für Quaratesi oder für einen anderen Empfänger entstanden sind. Michelangelo griff für beide Themen

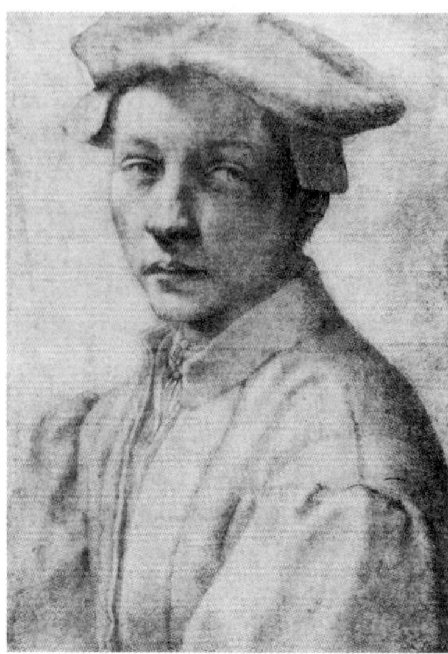

21 *Andrea Quaratesi*, ca. 1530. Schwarze Kreide, 41,1 × 29,2 cm, London, British Museum

auf antike Vorbilder zurück, variierte sie oder verlieh ihnen durch Zufügungen eine ganz eigene Note.

Im Jahr 1530 führte er für Alfonso d'Este die versprochene *Leda mit dem Schwan* aus, und zwar in Gestalt eines besonders großen *quadro di sala* (Abb. 22). Dieser streitbare Kriegsmann war wie seine Schwester Isabella d'Este ein hochgebildeter Kunstsammler ersten Ranges. Bereits 1508–1512 hatte er versucht, Michelangelo zu einem Gemälde für sein *camerino* zu bewegen, in dem Giovanni Bellini, Tizian, Fra Bartolomeo, Raffael etc. mythologische Themen, wie sie bereits in der Antike zur Darstellung gekommen waren, wieder zum Leben erweckten. Dass Michelangelo nicht nur den Karton für diese Szene anfertigte, bei der die lagernde Leda den zärtlich sich einschmiegenden Schwan zwischen ihren Schenkeln empfängt, sondern dieses Gemälde auf Holz auch eigenhändig ausführte, war ein besonderes Privileg, das allerdings den Abgesandten, der dieses Kunstwerk nach Ferrara bringen sollte, kaum beeindruckte. Wenig taktvoll nannte er es *una poca cosa* (eine Kleinigkeit), was Michelangelo

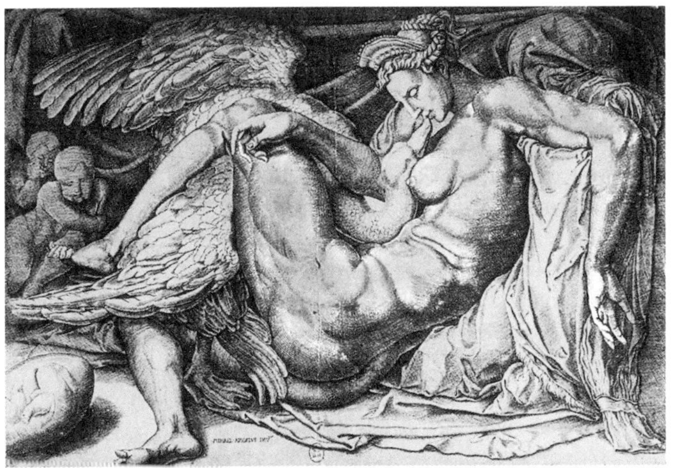

22 Cornelis Bos (nach Michelangelo), *Leda*, 1544–1545. Stich, 33,4 × 45 cm. London, British Museum

veranlasste, die *Leda* nicht herauszugeben und sie stattdessen seinem Schüler Antonio Mini zusammen mit dem Karton zu schenken, damit dieser in Frankreich sein Glück machen könne. Vermutlich hat es dort König Franz I. erworben, bevor man es im 17. Jahrhundert aus Bigotterie zerstört hat. Heute können wir nur durch gezeichnete und gemalte Kopien (u. a. von Vasari und Rubens) oder durch Stiche einen Eindruck davon gewinnen.

Für den Florentiner Palazzo des Bankiers Bartolommeo Bettini ersann Michelangelo 1531 auch den Karton für eine *Venus mit Amor*. Das große Gemälde, das wie das *Noli me tangere* wieder Pontormo ausführte, sollte der Kulminationspunkt in einem Raum sein, der den toskanischen Dichtern der Liebe in Vers und Prosa gewidmet war. Diese ließ Bettini in den Lünetten durch den Maler Agnolo Bronzino darstellen. Eine Federskizze Michelangelos im British Museum zeigt Venus in heroischer Pose auf der Seite liegend, während sie mit ausgestrecktem Arm und entschiedener Miene den schussbereit sich nähernden Amor abzuwehren sucht. Was aber sehen wir auf dem Gemälde? Es zeigt Venus nicht, wie es sich die männliche Phantasie gelegentlich gerne ausmalt, nämlich nachgiebig, schwach und reizvoll, sondern als eine hoheitsvolle Erscheinung, die durch ihre Anziehungskraft die Welt regiert. (In den homerischen Hymnen erschrickt auch Anchises gewaltig, als er Venus einmal bittet, sich ihm in ihrer wahren Gestalt zu zeigen.) Amor wagt sich offenen Auges an sie heran, steigt seiner Natur gemäß frech halb über einen ihrer Schenkel und zieht ihr Gesicht zum Kuss heran. In diesem Augenblick, in dem sich die Lippen berühren, zieht sie einen seiner Pfeile aus dem Köcher und zeigt mit der anderen Hand auf ihr Herz, wo das Geschoss eindringen wird. Dass dieser sublime Moment außerhalb von Raum und Zeit stattfindet, erweist das tönerne Männchen mit blinden Augen, das daneben rücklings in einem dunklen Kasten liegt, Sinnbild des Menschen, der mit sterblichen Augen dieses Geschehen, wie sich die Liebe im Inneren formt, nicht schauen kann. Öffnete er die Augen, würde er durch die Masken falscher Jugend sowie satyrhafter Begierde eine «Liebe» sehen, wie sie auf Erden nur allzu häufig ist. Dass die Liebe aber eine gefährliche, schmerzhafte Sache ist, verraten die auf dem Kasten unter der Schale mit Rosen liegenden Pfeile Amors und auch ein Gedicht Michelangelos: *Vor Amors scharfgezielten Pfeilen waltet / ein Mittel nur: daß ganz ins Herz sie dringen! / Denn ihm entspricht so seltenes Vollbringen, / daß Leben er, wo Leid er schickt, entfaltet. // So hat sein Schuß das Herz mir tief zerspaltet, / doch kam zugleich mit ihm auch Amors Bote / verkündend: Lieb und glühe! weil im Tode / kein anderer Flügel sich zum Flug entfaltet. // Ich bin's, der früh dir schon den Weg bereitet, / dein schwaches Aug' der Schönheit zugewendet, / und dich den Weg zur Himmelsbahn geleitet* (Redslob 1964, S. 75). Das ausgeführte Gemälde forderte der neue Herzog von Florenz, Alessandro de'Medici, von Pontormo für sich, da Bartolomeo Bettini während der Republik auf der Seite der Antimediceer gestanden hatte. Wie Michelangelo verließ auch Bettini daraufhin seine Heimatstadt und verlagerte seine Geschäfte erfolgreich nach Rom, wo er unter Papst Paul III. prosperierte.

Einen besonderen Rang nehmen nicht zuletzt die vollendeten

Zeichnungen, die sog. *disegni finiti*, für den von Michelangelo in besonderer Weise verehrten Römer Tommaso Cavalieri ein, mit dem er über mythologische Themen in dieser Form konversierte, den er aber auch mit einer Vielzahl leidenschaftlicher Sonette umwarb. Michelangelo war dem schönen jungen Mann aus altem Adelsgeschlecht Ende 1532 in Rom entweder im Kreis des Ippolito de'Medici oder des Niccolò Ridolfi erstmals begegnet. Tommaso hatte als Kind 1527 die Gräuel des Sacco di Roma, Michelangelo die traumatischen Ereignisse in Florenz erlebt, und beide waren glücklich, diese Zeit von Pest, Krieg und Tod, die so viele ins Elend gestürzt hatte, lebend überstanden zu haben. Möglicherweise fühlte sich Michelangelo in Rom auch von den immer komplizierter werdenden politischen Verhältnissen in Florenz befreit. Diese Begegnung führte im 57-jährigen Künstler zu einem Dammbruch der Gefühle, der seinesgleichen sucht. Der ca. 18-jährige Römer antwortete auf diese Werbung im Rahmen des Schicklichen, aber doch mit viel Feingefühl, was seine große Reife verrät. Die Freundschaft der beiden Männer dauerte ein Leben lang. Zu Weihnachten 1532 sandte Michelangelo als Gabe die Zeichnung des liegend an einen Felsen im Tartarus gehefteten Giganten *Tityus*, dem sich ein Geier mit gestrecktem Hals nähert, um im nächsten Moment mit scharfem Schnabel in seine Leber zu hacken, Strafe für seinen Versuch, der Leto Gewalt anzutun. Das zweite Blatt zeigt im Sinne eines Gegenstücks, wie der Knabe Ganymed vom Adler des Zeus in den Himmel entführt wird. Ganz seiner Natur gemäß zeigt der Adler die unbändige Kraft eines wilden Tieres, der Knabe dagegen seine Anmut, mit der er sich lächelnd an den Räuber schmiegt. Wie zuvor in Bettinis *Venus und Amor* reflektiert Michelangelo in diesen Werken über die Folgen der triebhaften Lust, die in den Tartarus führt, und über eine Liebe, die zum Himmel emporhebt, Themen, die er in seinen Gedichten für Cavalieri immer wieder neu zu fassen suchte. Sein Sonett *Ich seh' in deinem schönen Angesicht* schließt mit den Terzinen: *Dem Gottesquell, der alles Leben spendet, / entsteigt auch alle Schönheit dieser Welt / für jene, die sich weihen dem Gebot. // Sie ist des Himmels Frucht, in ihr vollendet / er seine Gnade;*

wer dieses Pfand erhält, / steigt auf zu Gott, beseligt ist sein Tod (Redslob 1964, S. 79).

Im Laufe des Jahres 1533 tauschten sich Michelangelo und Tommaso Cavalieri, der sich auch selbst im Zeichnen übte, über ein weiteres aus dem antiken Mythos geschöpftes Thema aus, das noch schwieriger zu konzipieren war als die vorangehenden, nämlich einen *Sturz des Phaeton.* Dieser Sohn des Helios hatte den Wagen des Vaters über den Himmel zu lenken versucht; Zeus musste ihn durch einen Blitz zur Erde schleudern, um Schaden von Himmel und Erde abzuwenden. Daher waren außer Zeus und dem kopfüber stürzenden Phaeton auch die vier zur Erde taumelnden Sonnenrosse, der Fluss Eridanus, der den Stürzenden aufnehmen würde, sowie die Heliaden in ihrer Klage um den Bruder darzustellen. Auf dem Entwurf in London zeigt Michelangelo, wie die drei Schwestern des Phaeton sich in trauernde Weiden verwandeln (Abb. 23). Die vollendete Komposition in Windsor dagegen besticht durch eine Angleichung aller Figurengrößen und ein inselartiges Abschließen der drei Gruppen, wodurch die reiche Komposition leichter überschaubar wird.

Diese berühmten Zeichnungen haben eine Reihe von Künstlern kopiert, am besten gelang dies Giulio Clovio. Cavalieri hat seine Schätze aber auch zur Verfügung gestellt, damit man sie im Stich, als Gemme oder im Kristallschnitt wiedergeben könne. Der Kristallschneider Giovanni Bernardi war souverän genug, aus den verschiedenen Fassungen des *Sturzes des Phaeton* eine eigene Version für Ippolito de'Medici zu komponieren. Michelangelo hat sich dieser Verbreitung seiner Geschenke nicht widersetzt, ob es ihm aber immer angenehm war, wissen wir nicht; jedenfalls war ihm ein *Geschäftemachen* mit seinen Gedichten zutiefst zuwider. Anders als Raffael und später Rubens hat er, soweit wir wissen, keine Zeichnung mit der Absicht angefertigt, sie im Stich verbreiten zu lassen.

Die Perfektion der Helldunkelmodellierung ist zu einem Maximum gesteigert im rätselhaften *Puttenbacchanal*, in dem Michelangelo das Unbekümmerte der Kinder um abgründige Themen wie Rausch und Opfertod kreisen lässt (Abb. 13). Vasari schrieb

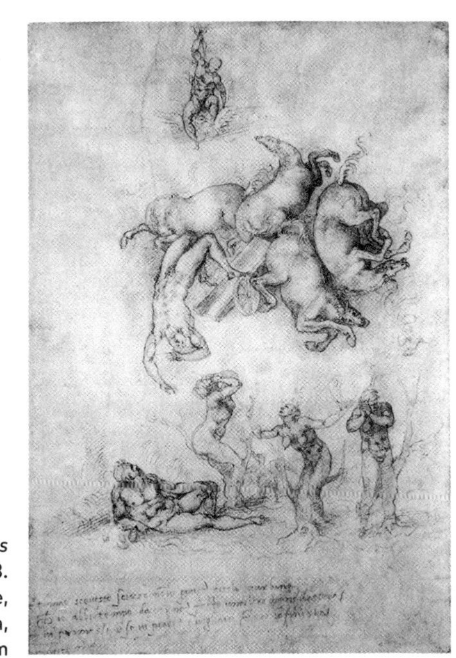

23 *Sturz des Phaeton*, 1533. Schwarze Kreide, 31,3 × 21,7 cm. London, British Museum

zu Recht, auch mit dem Atem hätte man keine größere Einheit der Komposition erreichen können. Es ist in Rötel, nicht in schwarzer Kreide wie die anderen *disegni finiti* für Cavalieri, entstanden, zu denen auch noch die *Cleopatra* in der Casa Buonarroti und vermutlich das Blatt mit dem Titel *Der Traum* im Courtauld Institute zählen.

6. In der Ewigen Stadt: Juliusgrabmal, Jüngstes Gericht, Cappella Paolina

Nach dem Tod des Vaters 1531 und der Verwandlung der Republik Florenz in ein – aus seiner Sicht von Tyrannei geprägtes – Herzogtum durch Kaiser Karl V., der seine Tochter Margarete mit Alessandro de'Medici verlobt hatte, hielt Michelangelo nichts mehr in seiner Vaterstadt. Beispiellose Aufträge durch die Päpste bewogen ihn, für immer in Rom zu bleiben. Während er in Florenz noch durch die Medici-Kapelle gebunden war, hatte ihm Clemens VII. gestattet, in Rom von Oktober 1532 bis Juni 1533 und seit dem Herbst 1534 die Errichtung des Grabmals für Papst Julius II. zu planen und zu überwachen, nachdem im April 1532 ein vierter Kontrakt die seit Jahrzehnten verschleppte Angelegenheit voranbringen sollte. Da an St. Peter immer noch gebaut wurde, wählte Michelangelo als Aufstellungsort die ehemalige Titelkirche des Papstes, San Pietro in Vincoli, obwohl die Della Rovere die besser besuchte Kirche Santa Maria del Popolo vorgezogen hätten. Die rechte Querschiffswand in San Pietro in Vincoli erlaubte ihm, ein doppelstöckiges Monument aufzurichten, das er in ingeniöser Weise mit dem von Julius II. erbauten Konvent für die Kanoniker der Lateranensischen Kongregation verknüpfte (Abb. 24). Er richtete nämlich erstens hinter dem Oberstock des Grabmals einen Chor ein, den die Kanoniker direkt von ihrem Konvent aus betreten konnten. Da ihnen die Öffnungen des Grabmals einen Blick auf den Altar gestatteten, konnten sie dort ungestört der Messe beiwohnen, und, ohne dass man sie sah, drang ihr Gebet und ihr Gesang durch das Monument ihres Stifters. Zweitens bot dieser Ort den Vorteil, dass Michelangelo den Kenotaph auf den gegenüberliegenden Altar mit den Ketten Petri, vor dem auch Nicolaus von Kues bestattet ist, ausrichten konnte, so wie in St. Peter die Grab-

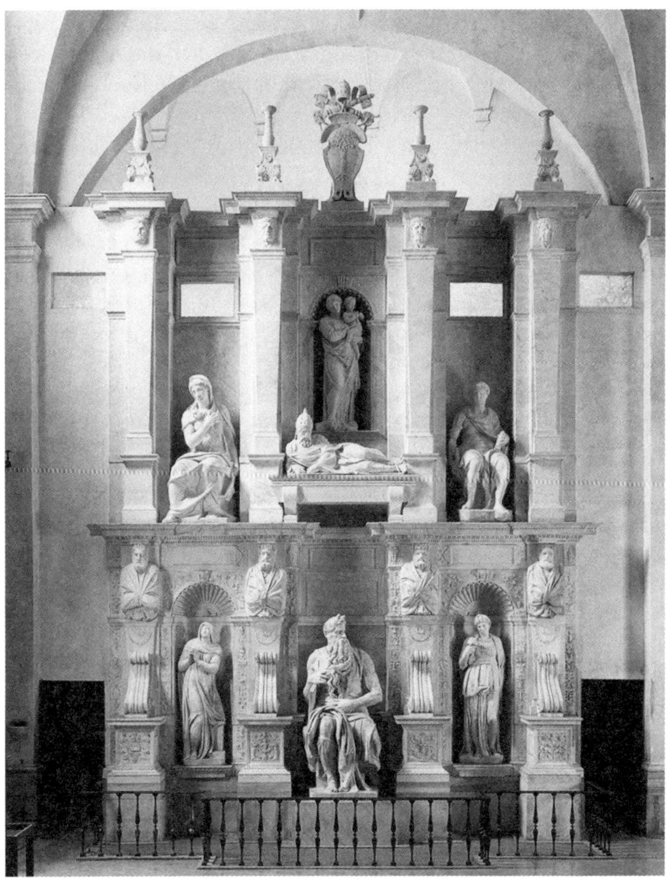

24 Michelangelo und Mitarbeiter, *Grabmal für Papst Julius II.*, 1513–1545. Marmor. Rom, San Pietro in Vincoli

mäler der Päpste Pius II. und Pius III. auf den Altar des Hl. Gregor mit dem Ziborium des Andreashauptes und das Bronzegrabmal von Innozenz VIII. auf das Ziborium mit der Hl. Lanze über dem Marienaltar bezogen waren. Am Juliusgrabmal sollte die Skulptur des *Moses*, der das Volk Israel aus der Gefangenschaft herausgeführt hatte, passenderweise gegenüber dem Altar mit den beiden Ketten Petri aufgestellt werden, die in den Kerkern von Antiochia und Rom in wunderbarer Weise von Petrus abgefallen waren.

Michelangelo ließ 1533 Fundamente im Keller des rechten Querschiffs legen, damit die darüber aufgehende Wand später die tonnenschweren Skulpturen tragen könne; er gab dem Gang hinter dem Grabmal eine regelmäßige Form und riss große Teile der schief stehenden Querschiffmauer aus dem 5. Jahrhundert n. Chr. ab, um die bereits in seinem Atelier in Rom bereitliegenden Marmorteile des Untergeschosses ca. 1534 aufmauern zu können. Dieses wurde durch zwei neue Sockel erhöht, damit man im geplanten Oberstock die Nische für die Madonna in Höhe des dahinterliegenden Gewölbes eintiefen konnte. Als Gliederung sah er nun in beiden Stockwerken allein halbfigürliche Stützen (*Termini*) vor. Als Papst Paul III. Michelangelo 1534 zur Ausführung des *Jüngsten Gerichtes* verpflichtete, musste er die Arbeiten am Grabmal erneut unterbrechen. Um dem halbfertigen Kenotaph einen vorläufigen Abschluss zu geben, ließ Michelangelo die Statue des Papstes anfertigen und auf dem raffiniert in Form einer Brücke auf dem Gesims des Untergeschosses stehenden Sarkophag anbringen. Möglich geworden war dieser exponierte Aufstellungsort des Sarkophags nur durch ein kontinuierliches Zurückstufen der Pfeiler des Oberstocks zur mittleren Nische hin, ein architektonischer Kunstgriff, den der Künstler in der Medici-Kapelle entwickelt hatte. Erst nach der Vollendung des *Jüngsten Gerichtes* konnte er sich von 1542 bis 1545 erneut dem Grabmal in San Pietro in Vincoli widmen, für dessen Fertigstellung nun die Botschafter des Herzogs Guidobaldo della Rovere in Rom zu sorgen hatten, auch wenn alle Arbeiten weiter in Michelangelos Atelier ausgeführt wurden. Sein treuer Mitarbeiter Francesco d'Amadore, genannt nach seinem Herkunftsort Urbino, war hier seit 1533 seine wichtigste Stütze. Dieser meißelte aus antikem Marmor die Architektur des Oberstocks, wofür er hervorragend besoldet wurde. Die anspruchsvolleren Verzierungen, wie die Köpfe der *Termini* und das riesige Wappen, das frei in die große, heute

C.H.BECK WISSEN

GESAMTVERZEICHNIS

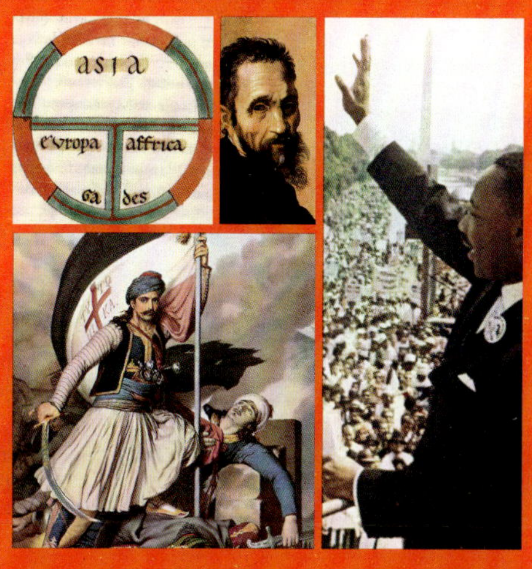

INHALT

Die Bände haben jeweils einen Umfang von rund 128 Seiten und sind teilweise bebildert und mit Karten versehen.
Sie kosten
€ 8,95[D] | € 9,20[A] oder
€ 9,95[D] | € 10,30[A] oder
€ 12,–[D] | € 12,40[A]
Innerhalb der Kapitel sind die Titel nach Themen sortiert.

GESCHICHTE – EPOCHENÜBERGREIFEND

Udo Sautter
Die 101 wichtigsten Personen der Weltgeschichte
(bw 2193)

Klaus-Jürgen Matz
Die 1000 wichtigsten Daten der Weltgeschichte
(bw 2148)

Gerhard Leitner
Die Aborigines Australiens
(bw 2389)

Walter Demel
Sylvia Schraut
Der deutsche Adel
(bw 2832)

Walter Demel
Der europäische Adel
(bw 2379)

Claus Priesner
Geschichte der Alchemie
(bw 2718)

Hansjörg Küster
Die Alpen
(bw 2909)

Harald Kleinschmidt
Die Angelsachsen
(bw 2728)

Werner Bergmann
Geschichte des Antisemitismus
(bw 2187)

Heinz Halm
Die Araber
(bw 2343)

Hanns J. Prem
Die Azteken
(bw 2035)

NEU
Marie-Janine Calic
Geschichte des Balkans
(bw 2949)

Andreas Müller
Berg Athos
(bw 2351)

Franz Meußdoerffer
Martin Zarnkow
Das Bier
(bw 2792)

Helmut Hilz
Geschichte des Buches
(bw 2937)

Andreas Fahrmeir
Deutsche Geschichte
(bw 2875)

Jürgen Sarnowsky
Der Deutsche Orden
(bw 2428)

Volker Reinhardt
Geschichte von Florenz
(bw 2773)

Ute Gerhard
Frauenbewegung und Feminismus
(bw 2463)

Bernd-Stefan Grewe
Gold
(bw 2889)

Matthias Egeler
Der heilige Gral
(bw 2896)

Frank-Lothar Kroll
Die Hohenzollern
(bw 2426)

Berthold Riese
Die Inka
(bw 2867)

Klaus Kreiser
Geschichte Istanbuls
(bw 2481)

Jürgen Sarnowsky
Die Johanniter
(bw 2737)

Jürgen Kocka
Geschichte des Kapitalismus
(bw 2783)

Christoph Nonn
Das Deutsche Kaiserreich
(bw 2870)

NEU
Franz Mauelshagen
Geschichte des Klimas
(bw 2942)

Andreas Kappeler
Die Kosaken
(bw 2768)

Stefan Rinke
Geschichte Lateinamerikas
(bw 2703)

Berthold Riese
Machu Picchu
(bw 2341)

Berthold Riese
Die Maya
(bw 2026)

Dirk Hoerder
Geschichte der deutschen Migration
(bw 2494)

Jochen Oltmer
Globale Migration
(bw 2761)

Karénina Kollmar-Paulenz
Die Mongolen
(bw 2730)

Bernd Kluge
Münzen
(bw 2861)

Hans-Ulrich Wehler
Nationalismus
(bw 2169)

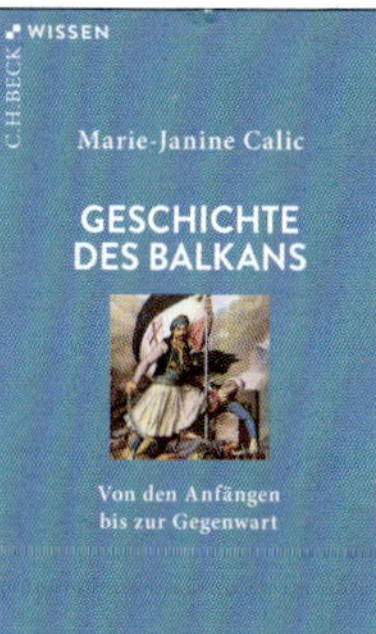

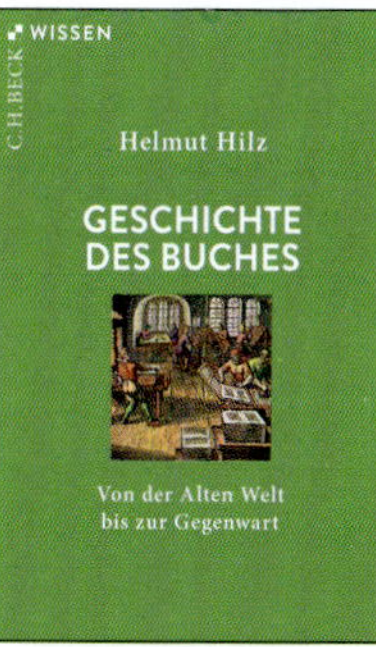

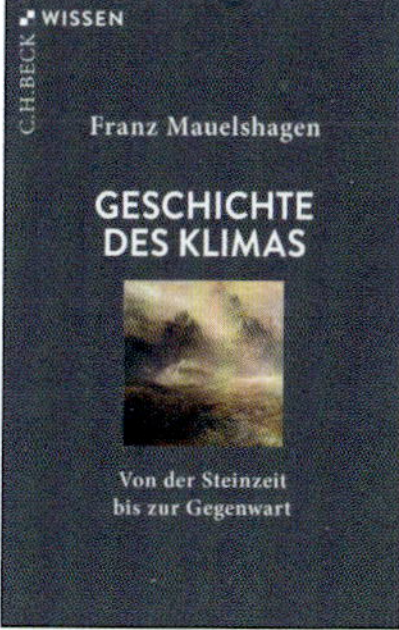

GESCHICHTE – EPOCHENÜBERGREIFEND

Thomas W. Gaethgens
Notre-Dame
(bw 2913)

Sabine Doering-Manteuffel
Okkultismus
(bw 2713)

Suraiya Faroqhi
Geschichte des Osmanischen Reiches
(bw 2021)

Winfried Böhm
Geschichte der Pädagogik
(bw 2353)

Klaus Bergdolt
Die Pest
(bw 2411)

Robert Bohn
Die Piraten
(bw 2327)

Christian Geulen
Geschichte des Rassismus
(bw 2424)

Mathias Rohe
Das islamische Recht
(bw 2777)

Ulrich Manthe
Geschichte des Römischen Rechts
(bw 2132)

Volker Reinhardt
Geschichte Roms
(bw 2325)

Daniel-Erasmus Khan
Das Rote Kreuz
(bw 2757)

Wolfgang Schwentker
Die Samurai
(bw 2188)

Christian Mann
Schach
(bw 2899)

Franz-Michael Konrad
Geschichte der Schule
(bw 2406)

Robert Bohn
Geschichte der Seefahrt
(bw 2722)

Thomas Höllmann
Die Seidenstraße
(bw 2354)

Karola Fings
Sinti und Roma
(bw 2707)

Andreas Eckert
Geschichte der Sklaverei
(bw 2920)

Eduard Mühle
Die Slawen
(bw 2872)

Peter Rohrsen
Der Tee
(bw 2790)

Stefan Fisch
Geschichte der europäischen Universität
(bw 2702)

NEU
Arne Karsten
Geschichte Venedigs
(bw 2756)

Hansjörg Küster
Der Wald
(bw 2891)

Daniel Deckers
Wein
(bw 2793)

Thomas Vogtherr
Die Welfen
(bw 2830)

John C. G. Röhl
Wilhelm II.
(bw 2787)

Peter Alter
Die Windsors
(bw 2461)

Ernst Peter Fischer
Das wichtigste Wissen
(bw 2910)

Hans-Michael Körner
Die Wittelsbacher
(bw 2458)

Harald Haarmann
Weltgeschichte der Zahlen
(bw 2450)

Thomas Vogtherr
Zeitrechnung
(bw 2163)

Michael Brenner
Geschichte des Zionismus
(bw 2184)

– ALTE GESCHICHTE

NEU
Hans-Joachim Gehrke
Alexander der Große
(bw 2043)

NEU
Hartwin Brandt
Das Ende der Antike
(bw 2151)

NEU
Eva Cancik-Kirschbaum
Die Assyrer
(bw 2328)

Ulrich Sinn
Athen
(bw 2336)

Peter Funke
Athen in klassischer Zeit
(bw 2074)

Angela Pabst
Die athenische Demokratie
(bw 2308)

Werner Eck
Augustus und seine Zeit
(bw 2084)

Michael Jursa
Die Babylonier
(bw 2349)

Ralph-Johannes Lilie
Byzanz
(bw 2085)

Martin Jehne
Caesar
(bw 2044)

Wilfried Stroh
Cicero
(bw 2440)

Michael Maaß
Das antike Delphi
(bw 2431)

Bernhard Maier
Die Druiden
(bw 2466)

Hermann A. Schlögl
Echnaton
(bw 2441)

Hansjürgen Müller-Beck
Die Eiszeiten
(bw 2363)

Friedhelm Prayon
Die Etrusker
(bw 2040)

Friedemann Schrenk
Die Frühzeit des Menschen
(bw 2059)

Herwig Wolfram
Die Germanen
(bw 2004)

Christian Mann
Die Gladiatoren
(bw 2772)

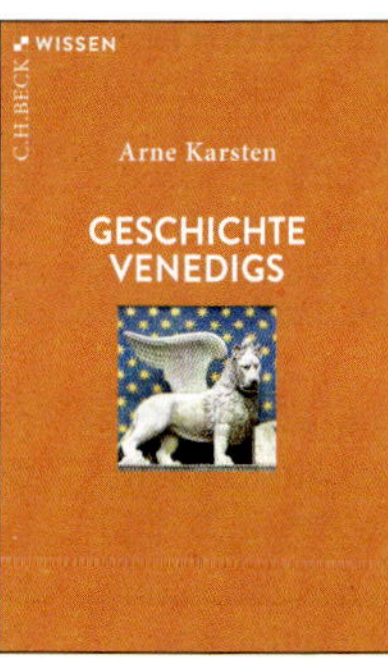

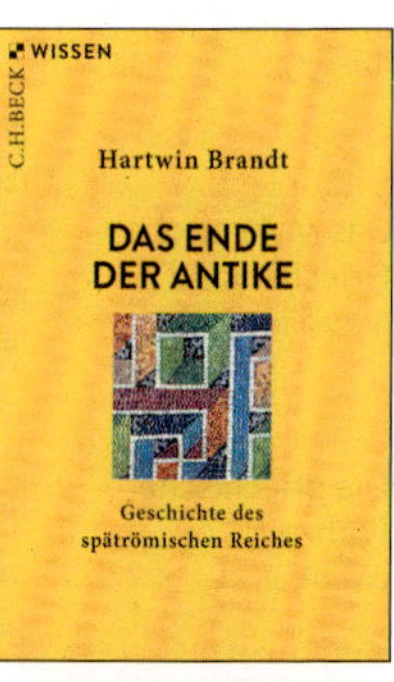

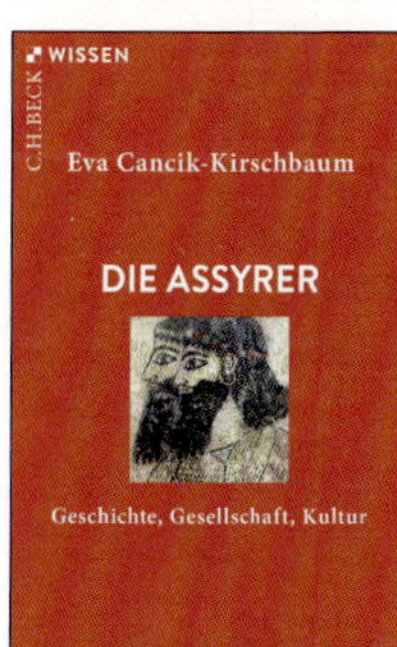

GESCHICHTE – ALTE GESCHICHTE

Rudolf Simek
Götter und Kulte der Germanen
(bw 2335)

Manfred Krebernik
Götter und Mythen des Alten Orients
(bw 2708)

Herwig Wolfram
Die Goten und ihre Geschichte
(bw 2179)

Sigrid Deger-Jalkotzy
Dieter Hertel
Das Mykenische Griechenland
(bw 2860)

Karl-Wilhelm Welwei
Die griechische Frühzeit
(bw 2185)

Detlef Lotze
Griechische Geschichte
(bw 2014)

Pedro Barceló
Hannibal
(bw 2092)

Heinz Heinen
Geschichte des Hellenismus
(bw 2309)

Jörg Klinger
Die Hethiter
(bw 2425)

Barbara Patzek
Homer und seine Zeit
(bw 2302)

Timo Stickler
Die Hunnen
(bw 2433)

Harald Haarmann
Die Indoeuropäer
(bw 2706)

Eckart Otto
Das antike Jerusalem
(bw 2418)

Mischa Meier
Justinian
(bw 2332)

Alexander Demandt
Die Kelten
(bw 2101)

Elmar Schwertheim
Kleinasien in der Antike
(bw 2348)

Manfred Clauss
Konstantin der Große und seine Zeit
(bw 2042)

Peter Schreiner
Konstantinopel
(bw 2364)

NEU
Egon Schallmayer
Der Limes
(bw 2318)

Karen Radner
Mesopotamien
(bw 2877)

Leonhard Burckhardt
Militärgeschichte der Antike
(bw 2447)

Jürgen Malitz
Nero
(bw 2105)

Hermann A. Schlögl
Nofretete
(bw 2763)

Bruno Bleckmann
Der Peloponnesische Krieg
(bw 2391)

Martin Zimmermann
Pergamon
(bw 2740)

Wolfgang Will
Die Perserkriege
(bw 2705)

Michael Sommer
Die Phönizier
(bw 2444)

Jens-Arne Dickmann
Pompeji
(bw 2387)

Peter Jánosi
Die Pyramiden
(bw 2331)

Reinhard Wolters
Die Römer in Germanien
(bw 2136)

Klaus Bringmann
Römische Geschichte
(bw 2012)

Karl Christ
Die Römische Kaiserzeit
(bw 2155)

Martin Jehne
Die Römische Republik
(bw 2362)

Frank Kolb
Das antike Rom
(bw 2407)

Eckhard Meyer-Zwiffelhoffer
Imperium Romanum
(bw 2467)

Hermann Parzinger
Die Skythen
(bw 2342)

Ernst Baltrusch
Sparta
(bw 2083)

Bernhard Maier
Stonehenge
(bw 2377)

Gebhard J. Selz
Sumerer und Akkader
(bw 2374)

Erik Hornung
Das Tal der Könige
(bw 2195)

Dieter Hertel
Troia
(bw 2166)

Konrad Vössing
Die Vandalen
(bw 2881)

NEU
Günther Moosbauer
Die Varusschlacht
(bw 2457)

Klaus Rosen
Die Völkerwanderung
(bw 2180)

Johannes Engels
Die Sieben Weisen
(bw 2485)

Kai Brodersen
Die Sieben Weltwunder
(bw 2029)

Rudolf Simek
Die Wikinger
(bw 2081)

Michael Sommer
Wirtschaftsgeschichte der Antike
(bw 2788)

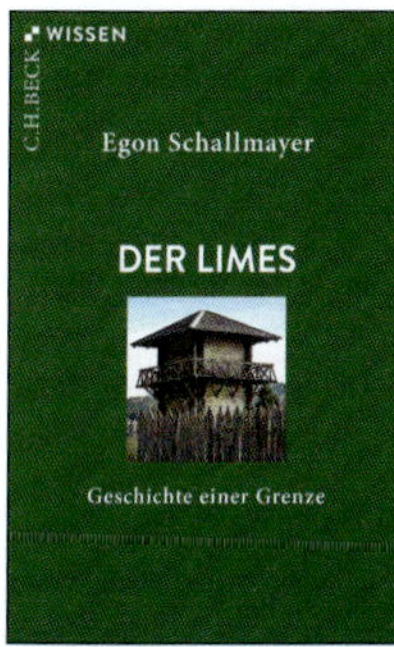

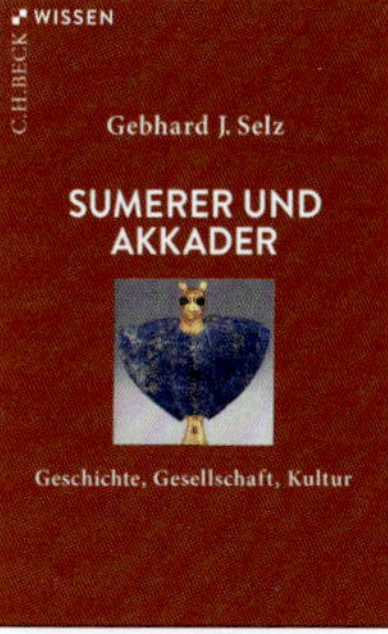

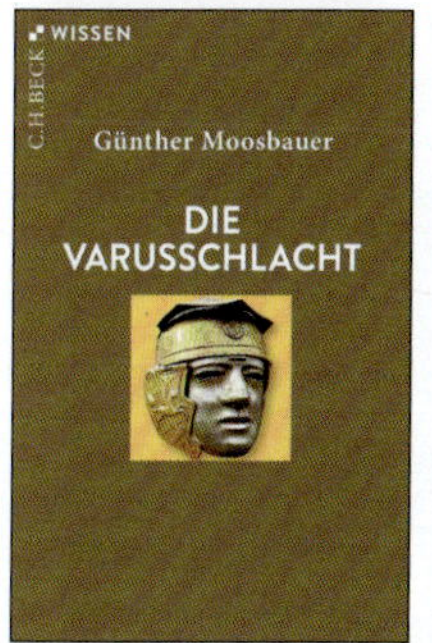

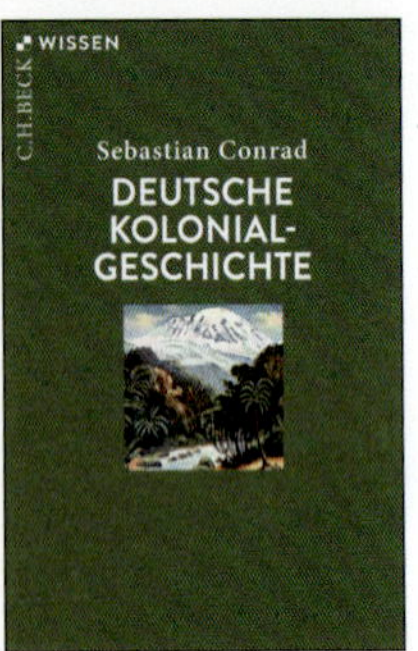

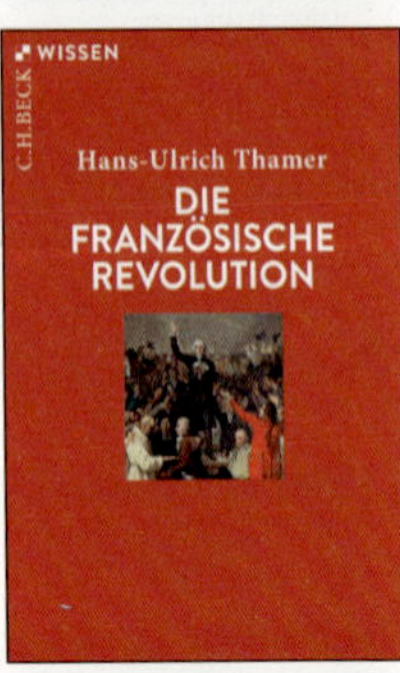

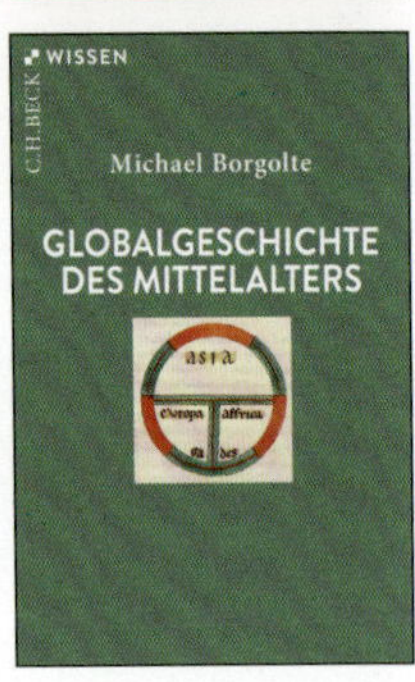

GESCHICHTE – MITTELALTER UND NEUZEIT

Dominik Waßenhoven
1066
Englands Eroberung durch die Normannen (bw 2866)

Michael Hochgeschwender
Der amerikanische Bürgerkrieg
(bw 2451)

Heinz Halm
Die Assassinen
(bw 2868)

Peter Blickle
Der Bauernkrieg
(bw 2103)

Eberhard Kolb
Bismarck
(bw 2476)

Volker Reinhardt
Die Borgia
(bw 2741)

Christoph Strohm
Johannes Calvin
(bw 2469)

Wolf D. Gruner
Der Deutsche Bund
(bw 2495)

NEU
Sebastian Conrad
Deutsche Kolonialgeschichte
(bw 2448)

Heiko Haumann
Dracula
(bw 2715)

Georg Schmidt
Der Dreißigjährige Krieg
(bw 2005)

Bernhard Jussen
Die Franken
(bw 2799)

NEU
Hans-Ulrich Thamer
Die Französische Revolution
(bw 2347)

Heinz Duchhardt
Freiherr vom Stein
(bw 2487)

Helmut Reinalter
Die Freimaurer
(bw 2133)

Olaf B. Rader
Kaiser Friedrich II.
(bw 2762)

Knut Görich
Friedrich Barbarossa
(bw 2931)

Johannes Kunisch
Friedrich der Große
(bw 2731)

Thomas Maissen
Geschichte der Frühen Neuzeit
(bw 2760)

Jürgen Osterhammel
Nils P. Petersson
Geschichte der Globalisierung
(bw 2320)

Rudolf Schieffer
Papst Gregor VII.
(bw 2492)

Heinz-Dieter Heimann
Die Habsburger
(bw 2154)

Rolf Hammel-Kiesow
Die Hanse
(bw 2131)

NEU
Barbara Stollberg-Rilinger
Das Heilige Römische Reich Deutscher Nation
(bw 2399)

Wolfgang Behringer
Hexen
(bw 2082)

Alexander Schunka
Die Hugenotten
(bw 2892)

Andreas W. Daum
Alexander von Humboldt
(bw 2888)

Joachim Ehlers
Der Hundertjährige Krieg
(bw 2475)

Gerd Schwerhoff
Die Inquisition
(bw 2340)

Claudia Zey
Der Investiturstreit
(bw 2852)

Klaus Herbers
Jakobsweg
(bw 2394)

Gerd Krumeich
Jeanne d'Arc
(bw 2396)

Helmut Reinalter
Joseph II.
(bw 2735)

Bernd Schneidmüller
Die Kaiser des Mittelalters
(bw 2398)

Luise Schorn-Schütte
Karl V.
(bw 2130)

Matthias Becher
Karl der Große
(bw 2120)

Karl Ubl
Die Karolinger
(bw 2828)

Luise Schorn-Schütte
Königin Luise
(bw 2323)

Jürgen Osterhammel
Jan C. Jansen
Kolonialismus
(bw 2002)

Vitus Huber
Die Konquistadoren
(bw 2890)

Peter Thorau
Die Kreuzzüge
(bw 2338)

NEU
Stefan Esders
Die Langobarden
(bw 2946)

NEU
Steffen Patzold
Das Lehnswesen
(bw 2745)

Hermann Rumschöttel
Ludwig II. von Bayern
(bw 2719)

Mark Hengerer
Ludwig XIV.
(bw 2842)

Marina Münkler
Marco Polo
(bw 2097)

Wilfried Nippel
Karl Marx
(bw 2834)

Volker Reinhardt
Die Medici
(bw 2028)

Martina Hartmann
Die Merowinger
(bw 2746)

Wolfram Siemann
Metternich
(bw 2484)

NEU
Michael Borgolte
Globalgeschichte des Mittelalters
(bw 2948)

Martin Clauss
Militärgeschichte des Mittelalters
(bw 2914)

Stephan Conermann
Das Mogulreich
(bw 2403)

Johannes Willms
Napoleon
(bw 2893)

Hubert Houben
Die Normannen
(bw 2755)

Hagen Keller
Die Ottonen
(bw 2146)

Eduard Mühle
Die Piasten
Polen im Mittelalter
(bw 2709)

Nikolas Jaspert
Die Reconquista
(bw 2876)

Michael Epkenhans
Die Reichsgründung 1870/71
(bw 2902)

Volker Reinhardt
Die Renaissance in Italien
(bw 2191)

Dieter Hein
Die Revolution von 1848/49
(bw 2019)

Joachim Ehlers
Die Ritter
(bw 2392)

Joachim Zeune
Ritterburgen
(bw 2831)

Andrew James Johnston
Robin Hood
(bw 2767)

Babette Ludowici
Die Sachsen
(bw 2941)

Hannes Möhring
Saladin
(bw 2386)

Johannes Laudage
Die Salier
(bw 2397)

Georg Bossong
Die Sepharden
(bw 2438)

Marian Füssel
Der Siebenjährige Krieg
(bw 2704)

Michaela und Karl Vocelka
Sisi
(bw 2829)

Matthias Schnettger
Der Spanische Erbfolgekrieg
(bw 2826)

Knut Görich
Die Staufer
(bw 2393)

Ronald G. Asch
Die Stuarts
(bw 2710)

NEU
Jürgen Sarnowsky
Die Templer
(bw 2472)

Hans-Ulrich Thamer
Die Völkerschlacht bei Leipzig
(bw 2774)

Marian Füssel
Waterloo 1815
(bw 2838)

Siegrid Westphal
Der Westfälische Frieden
(bw 2851)

Heinz Duchhardt
Der Wiener Kongress
(bw 2778)

Hans-Jörg Gilomen
Wirtschaftsgeschichte des Mittelalters
(bw 2781)

Christian Kleinschmidt
Wirtschaftsgeschichte der Neuzeit
(bw 2869)

Ilko-Sascha Kowalczuk
Der 17. Juni 1953
(bw 2771)

Ingrid Gilcher-Holtey
Die 68er-Bewegung
(bw 2183)

Sybille Steinbacher
Auschwitz
(bw 2333)

Christiane Tietz
Dietrich Bonhoeffer
(bw 2775)

Bernd Faulenbach
Willy Brandt
(bw 2780)

Jürgen Osterhammel
Jan C. Jansen
Dekolonisation
(bw 2785)

Ulrich Herbert
Das Dritte Reich
(bw 2859)

Bethold Rittberger
Die Europäische Union
(bw 2930)

Wolfgang Schieder
Der italienische Faschismus
(bw 2429)

NEU
Ronald Leopold
Anne Frank
(bw 2939)

Dietmar Rothermund
Gandhi
(bw 2322)

Florian Coulmas
Hiroshima
(bw 2491)

NEU
Wolfgang Benz
Der Holocaust
(bw 2022)

NEU
Tilman Seidensticker
Islamismus
(bw 2827)

Annika Mombauer
Die Julikrise
Europas Weg in den Ersten Weltkrieg (bw 2825)

Bernd Stöver
Der Kalte Krieg
(bw 2314)

Andreas Stegmann
Die Kirchen in der DDR
(bw 2921)

Christoph Strohm
Die Kirchen im Dritten Reich
(bw 2720)

NEU
Bernd Greiner
Die Kuba-Krise
(bw 2486)

Stephan Bierling
Nelson Mandela
(bw 2748)

Sabine Dabringhaus
Mao Zedong
(bw 2439)

Wolfgang Schieder
Benito Mussolini
(bw 2835)

Marianne Sammer
Mutter Teresa
(bw 2405)

NEU
Muriel Asseburg
Jan Busse
Der Nahostkonflikt
(bw 2858)

Raphael Gross
November 1938
(bw 2782)

Hans-Ulrich Thamer
Die NSDAP
(bw 2911)

Annette Weinke
Die Nürnberger Prozesse
(bw 2404)

Wolfgang Benz
Die Protokolle der Weisen von Zion
(bw 2413)

Armin Pfahl-Traughber
Rechtsextremismus in der Bundesrepublik
(bw 2112)

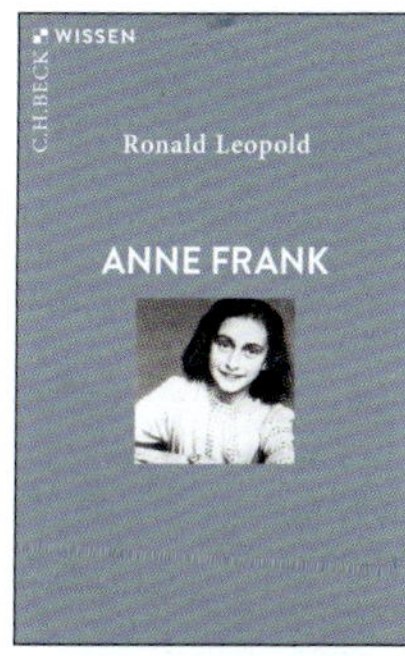

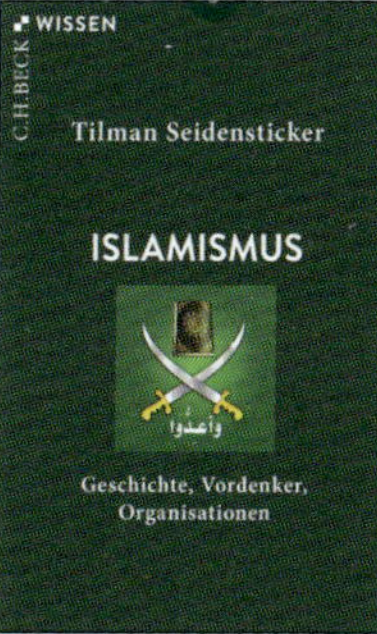

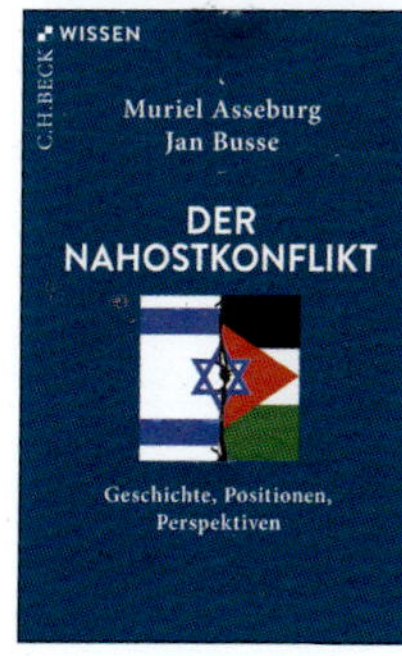

Winfried Böhm
Die Reformpädagogik
Montessori, Waldorf und andere Lehren (bw 2743)

Volker Ullrich
Die Revolution von 1918/19
(bw 2454)

Petra Terhoeven
Die Rote Armee Fraktion
(bw 2878)

NEU
Bastian Hein
Die SS
(bw 2841)

Wolfgang Reinhard
Geschichte des modernen Staates
(bw 2423)

Bernd Ulrich
Stalingrad
(bw 2368)

Peter Hoffmann
Stauffenberg und der 20. Juli 1944
(bw 2102)

Gwendolyn Sasse
Der Krieg gegen die Ukraine
(bw 2943)

Christian Hartmann
Unternehmen Barbarossa
Der deutsche Krieg im Osten 1941–1945 (bw 2714)

Eberhard Kolb
Der Frieden von Versailles
(bw 2375)

Gunther Mai
Die Weimarer Republik
(bw 2477)

NEU
Robert M. Zoske
Die Weiße Rose
(bw 2945)

Volker Berghahn
Der Erste Weltkrieg
(bw 2312)

Gerhard Schreiber
Der Zweite Weltkrieg
(bw 2164)

Wolfgang Benz
Der deutsche Widerstand gegen Hitler
(bw 2798)

Andreas Rödder
Geschichte der deutschen Wiedervereinigung
(bw 2736)

LÄNDER- UND NATIONALGESCHICHTE

Hermann A. Schlögl
Das alte Ägypten
(bw 2305)

Ralph Tuchtenhagen
Geschichte der baltischen Länder
(bw 2355)

Benedikt Stuchtey
Geschichte des Britischen Empire
(bw 2918)

Dominik Geppert
Geschichte der Bundesrepublik Deutschland
(bw 2929)

Hermann Kamp
Burgund
(bw 2414)

Helwig Schmidt-Glintzer
Das alte China
Von den Anfängen bis zum 19. Jh. (bw 2015)

Das neue China
Vom Untergang des Kaiserreichs bis zur Gegenwart (bw 2126)

Daniel Leese
Die chinesische Kulturrevolution
(bw 2854)

Robert Bohn
Dänische Geschichte
(bw 2162)

Frank Rexroth
Deutsche Geschichte im Mittelalter
(bw 2307)

Johannes Burkhardt
Deutsche Geschichte der Frühen Neuzeit
(bw 2462)

Dieter Hein
Deutsche Geschichte im 19. Jahrhundert
(bw 2840)

Andreas Wirsching
Deutsche Geschichte im 20. Jahrhundert
(bw 2165)

NEU
Matthias Waechter
Geschichte Frankreichs
(bw 2947)

Wolfgang Zwickel
Das Heilige Land
(bw 2459)

Dietmar Rothermund
Geschichte Indiens
(bw 2194)

Monika Gronke
Geschichte Irans
(bw 2321)

Benedikt Stuchtey
Geschichte Irlands
(bw 2765)

Noam Zadoff
Geschichte Israels
(bw 2905)

NEU
Bernd U. Schipper
Geschichte Israels in der Antike
(bw 2887)

Volker Reinhardt
Geschichte Italiens
(bw 2118)

Manfred Pohl
Geschichte Japans
(bw 2190)

Angelos Chaniotis
Das antike Kreta
(bw 2350)

Michel Pauly
Geschichte Luxemburgs
(bw 2732)

Michael North
Geschichte der Niederlande
(bw 2078)

Karl Vocelka
Österreichische Geschichte
(bw 2369)

Andreas Kossert
Ostpreußen
(bw 2833)

Josef Wiesehöfer
Das frühe Persien
(bw 2107)

NEU
Jürgen Heyde
Geschichte Polens
(bw 2385)

Walther L. Bernecker
Horst Pietschmann
Geschichte Portugals
(bw 2156)

Monika Wienfort
Geschichte Preußens
(bw 2456)

Andreas Kappeler
Russische Geschichte
(bw 2076)

Arno Herzig
Geschichte Schlesiens
(bw 2843)

Bernhard Maier
Geschichte Schottlands
(bw 2844)

Volker Reinhardt
Geschichte der Schweiz
(bw 2401)

Martin Dreher
Das antike Sizilien
(bw 2437)

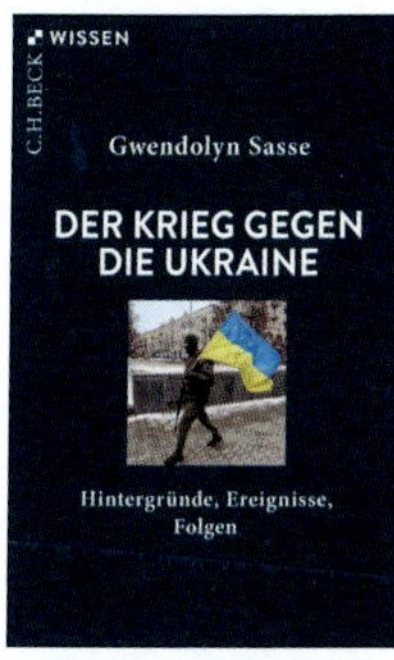

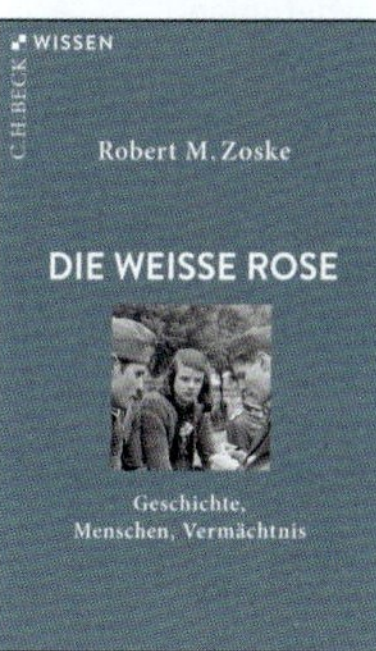

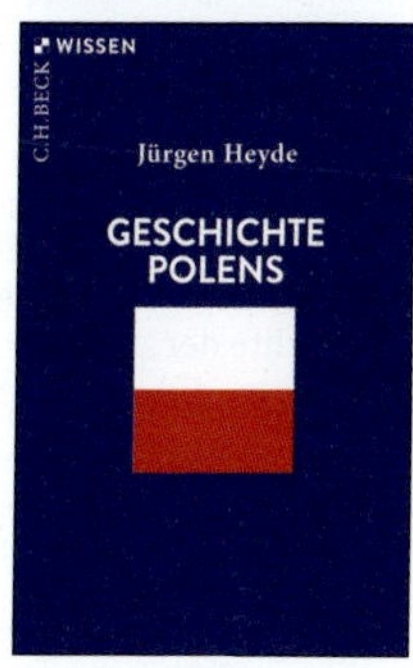

Thomas Dittelbach
Geschichte Siziliens
(bw 2490)

Harm G. Schröter
Geschichte Skandinaviens
(bw 2422)

Susanne Schattenberg
Geschichte der Sowjetunion
(bw 2935)

Georg Bossong
Das Maurische Spanien
(bw 2395)

Walther L. Bernecker
Spanische Geschichte
(bw 2111)

Conrad Schetter
Katja Mielke
Die Taliban
(bw 2936)

Joachim Bahlcke
Geschichte Tschechiens
(bw 2797)

Klaus Kreiser
Geschichte der Türkei
(bw 2758)

Horst Dippel
Geschichte der USA
(bw 2051)

Hans-Georg Wehling
Reinhold Weber
Geschichte Baden-Württembergs
(bw 2601)

Wilhelm Volkert
Geschichte Bayerns
(bw 2602)

Bernd Stöver
Geschichte Berlins
(bw 2603)

Peter-Michael Hahn
Geschichte Brandenburgs
(bw 2604)

Konrad Elmshäuser
Geschichte Bremens
(bw 2605)

Martin Krieger
Geschichte Hamburgs
(bw 2606)

Frank-Lothar Kroll
Geschichte Hessens
(bw 2607)

Carl-Hans Hauptmeyer
Geschichte Niedersachsens
(bw 2609)

Christoph Nonn
Geschichte Nordrhein-Westfalens
(bw 2610)

Lukas Clemens
Norbert Franz
Geschichte von Rheinland-Pfalz
(bw 2611)

Wolfgang Behringer
Gabriele Clemens
Geschichte des Saarlandes
(bw 2612)

Frank-Lothar Kroll
Geschichte Sachsens
(bw 2613)

Mathias Tullner
Geschichte Sachsen-Anhalts
(bw 2614)

Robert Bohn
Geschichte Schleswig-Holsteins
(bw 2615)

Steffen Raßloff
Geschichte Thüringens
(bw 2616)

Philipp Lepenies
Armut
(bw 2862)

Eckart Conze
Das Auswärtige Amt
(bw 2744)

Jutta Limbach
Das Bundesverfassungsgericht
(bw 2161)

Bernd Stöver
CIA
(bw 2871)

Hans Vorländer
Demokratie
(bw 2311)

Kiran Klaus Patel
Europäische Integration
(bw 2932)

Wolfgang Krieger
Die deutschen Geheimdienste
(bw 2922)

Stefan Luft
Die Flüchtlingskrise
(bw 2857)

Christoph Möllers
Das Grundgesetz
(bw 2470)

Ottmar Edenhofer
Michael Jakob
Klimapolitik
(bw 2853)

Britta Bannenberg
Dieter Rössner
Kriminalität in Deutschland
(bw 2384)

Dietrich von der Oelsnitz
Management
(bw 2479)

Angelika Nußberger
Die Menschenrechte
(bw 2930)

Thomas Piketty
Ökonomie der Ungleichheit
(bw 2864)

Marcus Llanque
Geschichte der politischen Ideen
(bw 2759)

Manfred G. Schmidt
Das politische System der Bundesrepublik Deutschland
(bw 2371)

Wilfried Röhrich
Die politischen Systeme der Welt
(bw 2128)

Dietmar Willoweit
Reich und Staat
Eine kleine deutsche Verfassungsgeschichte
(bw 2776)

Manfred G. Schmidt
Der deutsche Sozialstaat
(bw 2764)

Bernd Faulenbach
Geschichte der SPD
(bw 2753)

Hanno Beck
Aloys Prinz
Staatsverschuldung
(bw 2742)

Klaus Dieter Wolf
Die UNO
(bw 2378)

Angelika Nußberger
Das Völkerrecht
(bw 2478)

Werner Plumpe
Wirtschaftskrisen
(bw 2701)

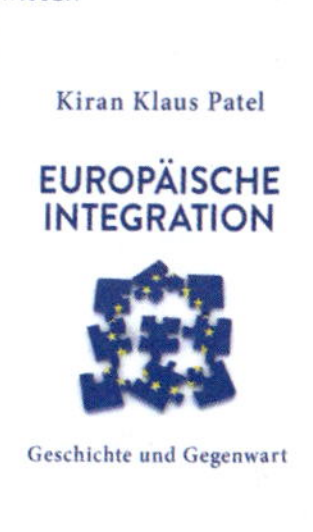

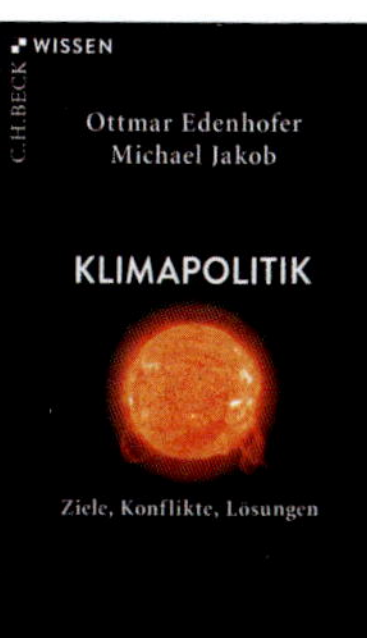

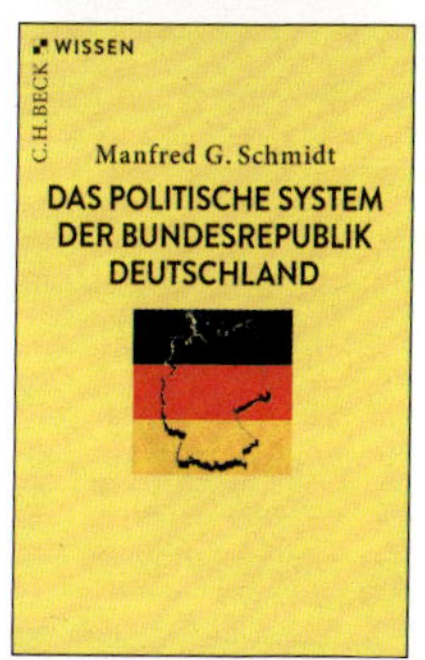

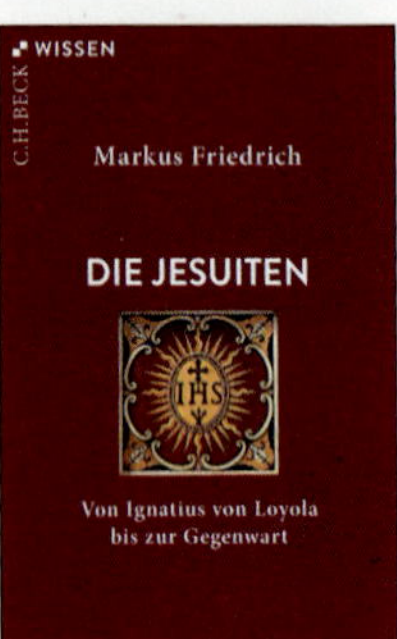

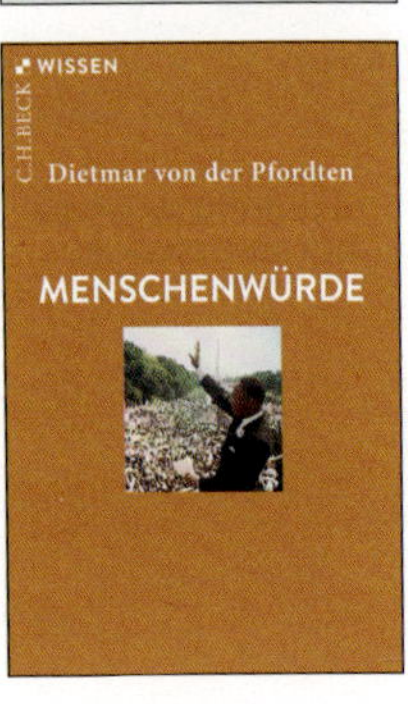

RELIGION

Mirko Breitenstein
Die Benediktiner
(bw 2894)

Konrad Schmid
Die Bibel
(bw 2928)

Axel Michaels
Buddha
(bw 2717)

Helwig Schmidt-Glintzer
Der Buddhismus
(bw 2367)

Jörg Lauster
Das Christentum
(bw 2933)

Martin Tamcke
Das orthodoxe Christentum
(bw 2339)

Wolfram Kinzig
Christenverfolgung in der Antike
(bw 2898)

Hans van Ess
Der Daoismus
(bw 2721)

Jens Schröter
Die apokryphen Evangelien
(bw 2906)

Helmut Feld
Franziskus von Assisi
(bw 2170)

Christoph Markschies
Die Gnosis
(bw 2173)

Peter Gemeinhardt
Die Heiligen
(bw 2498)

Bernhard Lang
Himmel, Hölle, Paradies
(bw 2900)

Heinz Halm
Der Islam
(bw 2145)

Markus Friedrich
Die Jesuiten
(bw 2926)

Jens Schröter
Jesus
(bw 2916)

Stefan Samerski
Johannes Paul II.
(bw 2435)

Günter Stemberger
Jüdische Religion
(bw 2003)

Christoph Auffarth
Die Ketzer
(bw 2383)

Volker Leppin
Geschichte der christlichen Kirchen
(bw 2499)

Hartmut Leppin
Die Kirchenväter und ihre Zeit
(bw 2141)

NEU
Hans van Ess
Der Konfuzianismus
(bw 2306)

Hartmut Bobzin
Der Koran
(bw 2109)

Thomas Kaufmann
Martin Luther
(bw 2388)

Hartmut Bobzin
Mohammed
(bw 2144)

Lorenz Korn
Die Moschee
(bw 2573)

Eckart Otto
Mose
(bw 2400)

Volker Leppin
Die christliche Mystik
(bw 2415)

Georg Denzler
Das Papsttum
(bw 2065)

Alexander Demandt
Pontius Pilatus
(bw 2747)

Friedrich Wilhelm Graf
Der Protestantismus
(bw 2108)

Luise Schorn-Schütte
Die Reformation
(bw 2054)

Klaus Kienzler
Der religiöse Fundamentalismus
Christentum, Judentum, Islam (bw 2031)

Heinz Halm
Die Schiiten
(bw 2358)

Annemarie Schimmel
Sufismus
(bw 2129)

Thomas Kaufmann
Die Täufer
(bw 2897)

Christoph Levin
Das Alte Testament
(bw 2160)

Gerd Theißen
Das Neue Testament
(bw 2192)

Manfred Hutter
Die Weltreligionen
(bw 2365)

Michael Stausberg
Zarathustra und seine Religion
(bw 2370)

Matthias Köckert
Die Zehn Gebote
(bw 2430)

Oliver Primavesi
Christof Rapp
Aristoteles
(bw 2865)

Werner Schneiders
Das Zeitalter der Aufklärung
(bw 2058)

Otfried Höffe
Ethik
(bw 2800)

Otfried Höffe
Gerechtigkeit
(bw 2168)

Annemarie Pieper
Gut und Böse
(bw 2077)

Günter Zöller
Hegels Philosophie
(bw 2912)

NEU
Dietmar von der Pfordten
Menschenwürde
(bw 2856)

Christof Rapp
Metaphysik
(bw 2809)

Albert Newen
Philosophie des Geistes
(bw 2806)

PHILOSOPHIE

Die Geschichte der Philosophie

Christoph Horn
Philosophie der Antike
(bw 2820)

Loris Sturlese
Philosophie im Mittelalter
(bw 2821)

Johannes Haag
Markus Wild
Philosophie der Neuzeit
(bw 2822)

Günter Zöller
Philosophie des 19. Jahrhunderts
(bw 2823)

Thomas Rentsch
Philosophie des 20. Jahrhunderts
(bw 2824)

Norman Sieroka
Philosophie der Physik
(bw 2803)

Klaus Kornwachs
Philosophie der Technik
(bw 2805)

Norman Sieroka
Philosophie der Zeit
(bw 2886)

Hans van Ess
Chinesische Philosophie
(bw 2919)

Ulrich Rudolph
Islamische Philosophie
(bw 2352)

Dietmar von der Pfordten
Rechtsphilosophie
(bw 2801)

Michel Soëtard
Jean-Jacques Rousseau
(bw 2734)

Rahel Jaeggi
Robin Celikates
Sozialphilosophie
(bw 2804)

Pirmin Stekeler-Weithofer
Sprachphilosophie
(bw 2802)

Dirk Kaesler
Max Weber
(bw 2726)

Nils Ole Oermann
Wirtschaftsethik
(bw 2845)

Holm Tetens
Wissenschaftstheorie
(bw 2808)

Michael von Brück
Zen
(bw 2344)

LITERATUR | SPRACHE

Anna Kathrin Bleuler
Der Codex Manesse
(bw 2882)

Franziska Meier
Dantes Göttliche Komödie
(bw 2880)

Therese Fuhrer
Martin Hose
Das antike Drama
(bw 2729)

Rudolf Simek
Die Edda
(bw 2419)

Walther Sallaberger
Das Gilgamesch-Epos
(bw 2443)

Dorothea Hölscher-Lohmeyer
Johann Wolfgang Goethe
(bw 2127)

Michael Jaeger
Goethes «Faust»
(bw 2903)

Dieter Burdorf
Friedrich Hölderlin
(bw 2712)

Thomas Anz
Franz Kafka
(bw 2473)

Gerhard Schulz
Sabine Doering
Klassik
(bw 2329)

Hans Joachim Kreutzer
Heinrich von Kleist
(bw 2716)

Friedrich Vollhardt
Gotthold Ephraim Lessing
(bw 2789)

Dirk von Petersdorff
Literaturgeschichte der Bundesrepublik Deutschland
(bw 2733)

Mario Klarer
Literaturgeschichte der USA
(bw 2769)

Dirk von Petersdorff
Geschichte der deutschen Lyrik
(bw 2434)

Niklas Holzberg
Ovids Metamorphosen
(bw 2421)

Bernhard Zimmermann
Homers Odyssee
(bw 2908)

Gert Ueding
Klassische Rhetorik
(bw 2000)

Gert Ueding
Moderne Rhetorik
(bw 2134)

Thomas Baier
Geschichte der Römischen Literatur
(bw 2446)

Gerhard Schulz
Romantik
(bw 2053)

Peter-André Alt
Friedrich Schiller
(bw 2357)

Thomas O. Höllmann
Die chinesische Schrift
(bw 2849)

Harald Haarmann
Geschichte der Schrift
(bw 2198)

Hans-Dieter Gelfert
Shakespeare
(bw 2055)

Jürgen Trabant
Die Sprache
(bw 2464)

Thorsten Roelcke
Geschichte der deutschen Sprache
(bw 2480)

Bernd Seidensticker
Das antike Theater
(bw 2496)

Andreas Englhart
Das Theater der Gegenwart
(bw 2779)

Ulrich Schmid
Lew Tolstoi
(bw 2493)

Markus Janka
Vergils Aeneis
(bw 2884)

Jürgen von Stackelberg
Voltaire
(bw 2402)

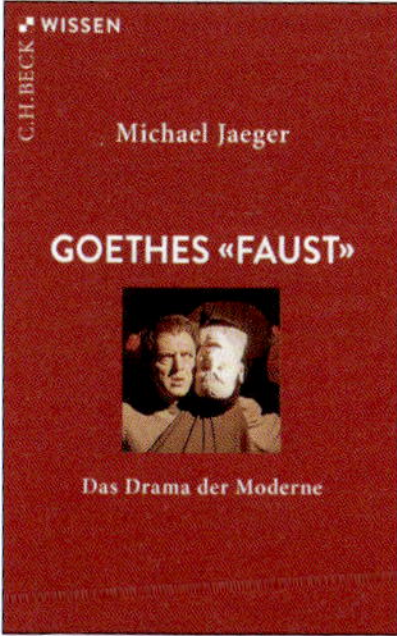

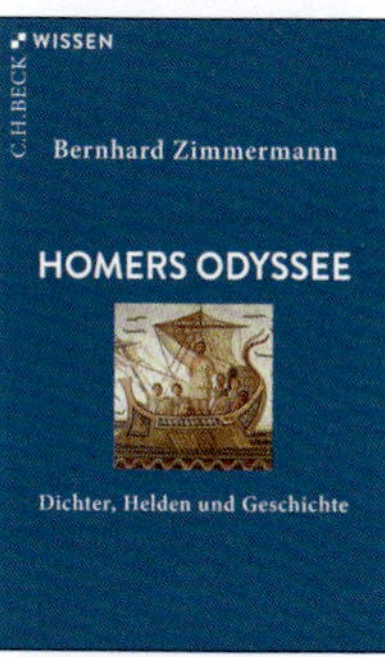

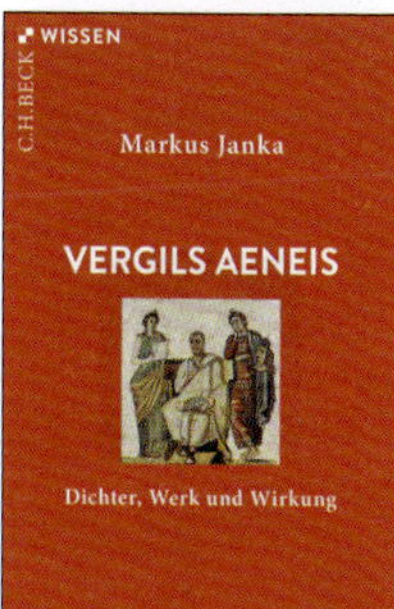

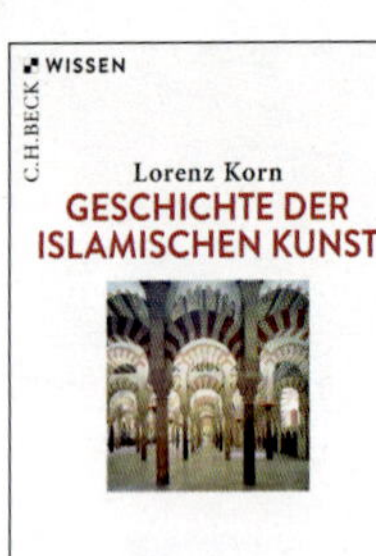

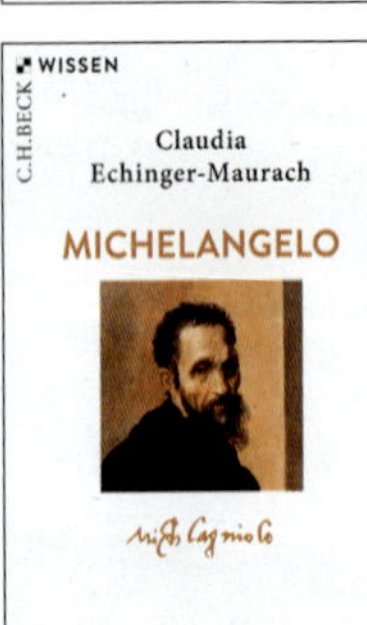

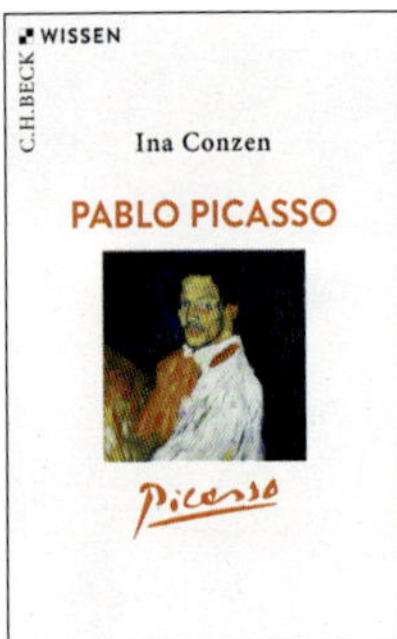

KUNST

Die große Geschichte der Kunst

Von der Antike bis zur Gegenwart

Tonio Hölscher
Die griechische Kunst
(bw 2551)

Paul Zanker
Die römische Kunst
(bw 2552)

Johannes G. Deckers
Die frühchristliche und byzantinische Kunst
(bw 2553)

NEU
Lorenz Korn
Geschichte der islamischen Kunst
(bw 2570)

Bruno Reudenbach
Die Kunst des Mittelalters
Band I: 800 bis 1200
(bw 2554)

Klaus Niehr
Die Kunst des Mittelalters
Band II: 1200 bis 1500
(bw 2555)

Andreas Tönnesmann
Die Kunst der Renaissance
(bw 2556)

Dietrich Erben
Die Kunst des Barock
(bw 2557)

Andreas Beyer
Die Kunst des Klassizismus und der Romantik
(bw 2558)

Michael F. Zimmermann
Die Kunst des 19. Jahrhunderts
(bw 2559)

Uwe M. Schneede
Die Kunst der Klassischen Moderne
(bw 2560)

Philip Ursprung
Die Kunst der Gegenwart
(bw 2561)

Kerstin Pinther
Die Kunst Afrikas
(bw 2575)

Winfried Nerdinger
Das Bauhaus
(bw 2883)

Uwe M. Schneede
Max Beckmann
(bw 2515)

Nils Büttner
Hieronymus Bosch
(bw 2516)

Frank Zöllner
Botticelli
(bw 2505)

Nils Büttner
Pieter Bruegel d. Ä.
(bw 2521)

Alexander Markschies
Brunelleschi
(bw 2540)

Sybille Ebert-Schifferer
Caravaggio
(bw 2525)

Götz Adriani
Paul Cézanne
(bw 2506)

Michael F. Zimmermann
Lovis Corinth
(bw 2509)

Melanie Kurz
Thilo Schwer
Geschichte des Designs
(bw 2938)

Uwe M. Schneede
Otto Dix
(bw 2522)

Thomas Schauerte
Albrecht Dürer
(bw 2524)

Werner Busch
Caspar David Friedrich
(bw 2526)

Michael Viktor Schwarz
Giotto
(bw 2503)

Uwe M. Schneede
Vincent van Gogh
(bw 2310)

Werner Busch
Goya
(bw 2520)

Oskar Bätschmann
Hans Holbein d. J.
(bw 2513)

Matthias Haldemann
Kandinsky
(bw 2519)

Christian Rümelin
Paul Klee
(bw 2500)

Oskar Bätschmann
Edouard Manet
(bw 2518)

Werner Busch
Adolph Menzel
(bw 2501)

NEU
Claudia Echinger-Maurach
Michelangelo
(bw 2528)

Felix Krämer
Claude Monet
(bw 2517)

NEU
Ina Conzen
Pablo Picasso
(bw 2527)

Jürg Meyer zur Capellen
Raffael
(bw 2510)

Nils Büttner
Peter Paul Rubens
(bw 2504)

Frank Büttner
Philipp Otto Runge
(bw 2507)

Wilhelm Schlink
Tizian
(bw 2508)

Monika Wagner
William Turner
(bw 2514)

Nils Büttner
Vermeer
(bw 2511)

Felix Thürlemann
Rogier van der Weyden
(bw 2502)

Dorothea Arnold
Die ägyptische Kunst
(bw 2550)

Norbert Huse
Geschichte der Architektur im 20. Jahrhundert
(bw 2455)

Dietrich Erben
Architekturtheorie
(bw 2874)

Helmut Brinker
Die chinesische Kunst
(bw 2571)

Wolfgang Kemp
Geschichte der Fotografie
(bw 2727)

Felix Müller
Die Kunst der Kelten
(bw 2574)

Ulrich Pfisterer
Die Sixtinische Kapelle
(bw 2562)

Dorothea Schröder
Johann Sebastian Bach
(bw 2738)

Egon Voss
Bachs Konzerte
(bw 2212)

Siegfried Mauser
Beethovens Klaviersonaten
(bw 2200)

Dieter Rexroth
Beethovens Symphonien
(bw 2209)

Matthias Schmidt
Johannes Brahms. Die Lieder
(bw 2224)

Hans-Joachim Hinrichsen
Bruckners Sinfonien
(bw 2225)

Thomas Kabisch
Chopins Klaviermusik
(bw 2227)

Hanspeter Krellmann
Griegs lyrische Klavierstücke
(bw 2216)

Dorothea Schröder
Georg Friedrich Händel
(bw 2453)

Claus Bockmaier
Händels Oratorien
(bw 2215)

Arnold Werner-Jensen
Joseph Haydn
(bw 2468)

Gottfried Scholz
Haydns Oratorien
(bw 2217)

Michael Walter
Haydns Sinfonien
(bw 2213)

Georg Feder
Haydns Streichquartette
(bw 2203)

Christoph Kammertöns
Das Klavier
Instrument und Musik
(bw 2752)

Wolfgang Dömling
Franz Liszt
(bw 2711)

Ulrich Müller
Andrew Lloyd Webbers Musicals
(bw 2214)

Constantin Floros
Gustav Mahler
(bw 2489)

Peter Revers
Mahlers Sinfonien
(bw 2228)

Andreas Eichhorn
Felix Mendelssohn Bartholdy
(bw 2449)

Gernot Gruber
Wolfgang Amadeus Mozart
(bw 2376)

Marius Flothuis
Mozarts Klavierkonzerte
(bw 2201)

Siegfried Mauser
Mozarts Klaviersonaten
(bw 2223)

Manfred Hermann Schmid
Mozarts Opern
(bw 2218)

Marius Flothuis
Mozarts Streichquartette
(bw 2204)

Hans Maier
Die Orgel
(bw 2794)

Gerd Uecker
Puccinis Opern
(bw 2226)

Siegfried Schmalzriedt
Ravels Klaviermusik
(bw 2210)

Peter Wicke
Rock und Pop
(bw 2739)

Hans-Joachim Hinrichsen
Franz Schubert
(bw 2725)

Elmar Budde
Schuberts Liederzyklen
(bw 2207)

Arnfried Edler
Robert Schumann
(bw 2474)

Martin Demmler
Schumanns Sinfonien
(bw 2211)

Joachim Brügge
Jean Sibelius
(bw 2219)

Laurenz Lütteken
Richard Strauss. Die Opern
(bw 2222)

Dorothea Redepenning
Peter Tschaikowsky
(bw 2855)

Anselm Gerhard
Giuseppe Verdi
(bw 2754)

Sabine Henze-Döhring
Verdis Opern
(bw 2221)

Egon Voss
Richard Wagner
(bw 2766)

Sven Friedrich
Richard Wagners Opern
(bw 2220)

WISSEN
C.H.BECK
Thomas Kabisch
CHOPINS KLAVIERMUSIK
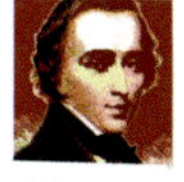
Ein musikalischer Werkführer

WISSEN
C.H.BECK
Peter Revers
MAHLERS SINFONIEN
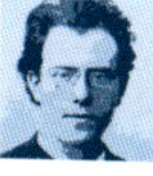
Ein musikalischer Werkführer

Wilhelm Feuerlein
Alkoholismus
(bw 2033)

Hans-Uwe Simon
Asthma
(bw 2095)

Ingeborg Hedderich
Burnout
(bw 2465)

Hans Förstl
Alzheimer und Demenz
(bw 2923)

Rudhard Klaus Müller
Doping
(bw 2345)

Hansjörg Schneble
Epilepsie
(bw 2047)

Ulrich Cuntz
Andreas Hillert
Eßstörungen
(bw 2087)

Hans Markowitsch
Das Gedächtnis
(bw 2460)

Friedrich Strian
Das Herz
(bw 2098)

Franzis Preckel
Tanja Gabriele Baudson
Hochbegabung
(bw 2786)

Stefan Kaufmann
Impfen
(bw 2925)

Joachim Funke
Bianca Vaterrodt
Was ist Intelligenz?
(bw 2088)

Karl-Heinz Leven
Geschichte der Medizin
(bw 2452)

Matthias Keidel
Migräne
(bw 2408)

Michael Wirsching
Paar- und Familientherapie
(bw 2361)

Jörg Hacker
Pandemien
(bw 2917)

Rolf Reber
Psychologie
(bw 2924)

Otto Benkert
Psychopharmaka
(bw 2013)

Michael Wirsching
Psychotherapie
(bw 2119)

Thomas Köhler
Rauschdrogen
(bw 2445)

Rebecca Böhme
Resilienz
(bw 2895)

Heinz Häfner
Schizophrenie
(bw 2497)

Joachim Röschke
Klaus Mann
Schlaf und Schlafstörungen
(bw 2089)

Jürgen Dittmann
Der Spracherwerb des Kindes
(bw 2300)

Nando Belardi
Supervision und Coaching
(bw 2157)

Paul U. Unschuld
Traditionelle Chinesische Medizin
(bw 2796)

Wolfgang Mertens
Traum und Traumdeutung
(bw 2117)

Andreas Maercker
Trauma und Traumafolgestörungen
(bw 2863)

Claus Leitzmann
Veganismus
(bw 2885)

Claus Leitzmann
Vegetarismus
(bw 2176)

Susanne Modrow
Viren
(bw 2177)

Hans Konrad Biesalski
Vitamine
(bw 2060)

Vanamali Gunturu
Yoga
(bw 2915)

Otto Benkert
Martina Lenzen-Schulte
Zwangskrankheiten
(bw 2066)

WISSEN
C.H.BECK
Hans Förstl
ALZHEIMER UND DEMENZ
Grundlagen, Diagnose, Therapie

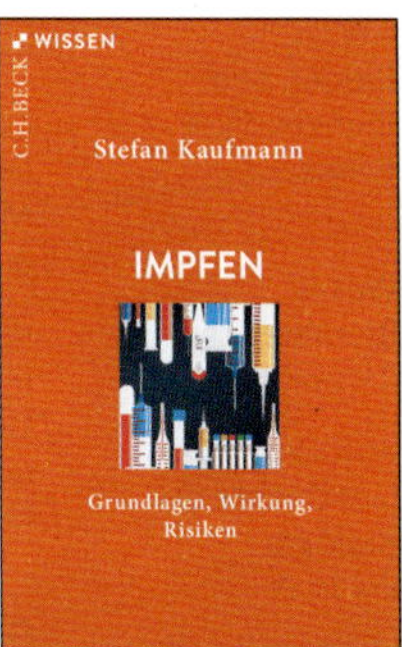

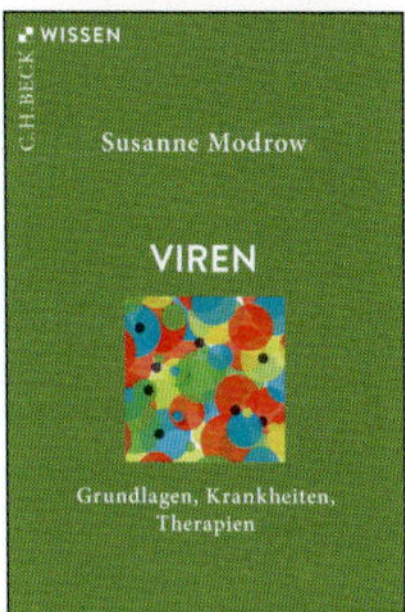

Walter Kirchner
Die Ameisen
(bw 2152)

Dieter B. Herrmann
Antimaterie
(bw 2104)

Christian von Hirschhausen
Atomenergie
(bw 2944)

Karl Weiß
Bienen und Bienenvölker
(bw 2067)

Bruno Streit
Was ist Biodiversität?
(bw 2417)

Thomas Junker
Geschichte der Biologie
(bw 2334)

Werner Nachtigall
Bionik
Lernen von der Natur
(bw 2436)

Angela Schuh
Biowetter
Wie das Wetter unsere Gesundheit beeinflusst
(bw 2416)

Sibylle Anderl
Dunkle Materie
(bw 2934)

Hubert Goenner
Albert Einstein
(bw 2839)

Hubert Goenner
Einsteins Relativitätstheorien
(bw 2069)

Peter Hennicke
Manfred Fischedick
Erneuerbare Energien
(bw 2412)

Thomas Junker
Die Evolution des Menschen
(bw 2409)

Albrecht Beutelspacher
Geheimsprachen und Kryptographie
(bw 2071)

Hartmut Grote
Gravitationswellen
(bw 2879)

Klaus Honomichl
Insekten
(bw 2048)

Heinrich Zankl
Von der Keimzelle zum Individuum
Biologie der Schwangerschaft (bw 2149)

Stefan Rahmstorf
Hans-Joachim Schellnhuber
Der Klimawandel
(bw 2366)

Manuela Lenzen
Künstliche Intelligenz
(bw 2904)

Thomas Walther
Herbert Walther
Was ist Licht?
(bw 2122)

Siegmund Brandt
Geschichte der modernen Physik
(bw 2723)

Georg Schön
Pilze
(bw 2360)

Dieter Hoffmann
Max Planck
(bw 2442)

Gert-Ludwig Ingold
Quantentheorie
(bw 2186)

Günter Siefarth
Geschichte der Raumfahrt
(bw 2153)

Franz M. Wuketits
Was ist Soziobiologie?
(bw 2199)

Helmuth Schneider
Geschichte der antiken Technik
(bw 2432)

Marcus Popplow
Technik im Mittelalter
(bw 2482)

Linda Maria Koldau
Tsunamis
(bw 2770)

Hans-Joachim Blome
Harald Zaun
Der Urknall
(bw 2337)

Albrecht Beutelspacher
Zahlen
(bw 2751)

SACHREGISTER

SACHREGISTER

SACHREGISTER

C.H.BECK WISSEN

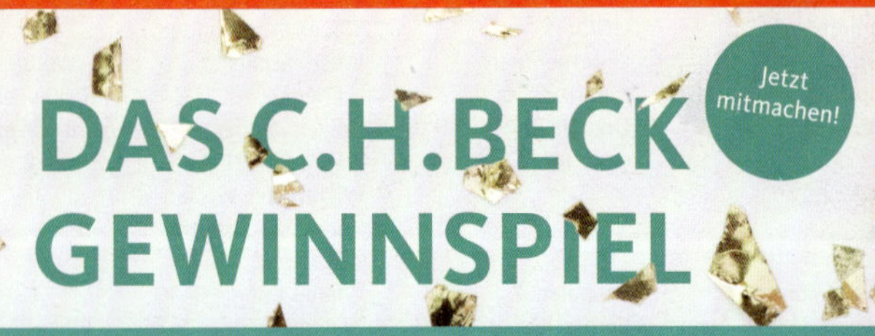

Teilnahme nur online unter folgendem Link: www.chbeck.de/gewinnspiel26
Teilnahmeschluss: 31. Januar 2024

Der C.H.Beck Newsletter: Die Welt im Buch
Mit unserem Newsletter erfahren Sie als erste von unseren Neuerscheinungen und Preisreduzierung, können regelmäßig an Gewinnspielen teilnehmen und werden über ausgewählte Autor:innen-Veranstaltungen, auch über Livestream, informiert.
Registrieren Sie sich unter: chbeck.de/nl5

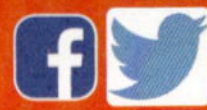

Besuchen Sie uns auch auf
Facebook, Twitter und Instagram

Die bibliographischen Angaben in diesem Prospekt sind ca.-Angaben.
Preisänderungen u. Irrtümer vorbehalten • Stand: 9. Mai 2023 • Bestellnr. 258380

WWW.CHBECK.DE

wieder offene Lünette hineinragt, wurden an eigene Bildhauer vergeben.

Michelangelo selbst vollendete den seit 1515 bereitstehenden *Moses*, der nun die tiefe, mittlere Nische des Unterstocks beherrscht. Er zeigt sich mit den Tafeln des Gesetzes, auf denen seine rechte Hand ruht. In seiner Nähe sind Reliquien der Makkabäer bestattet, die als jüdische Märtyrer für ihre Gesetzestreue in den Tod gegangen waren und die Papst Julius II. in besonderer Weise verehrt hatte. Moses trägt schlichte Kleidung, die seine machtvolle Gestalt ungehindert zur Geltung kommen lässt. Sein leuchtendes Antlitz und die kaum mehr menschlich blickenden Augen deuten auf seine Schau Gottes im brennenden Dornbusch und auf dem Berg Sinai. Als ein Auserwählter, dem diese singuläre Gnade widerfahren war, ist er Garant der Hoffnung für den verstorbenen Papst, nach seinem Tod in selber Weise Gott von Angesicht zu Angesicht zu schauen. *Moses* begleiten in den flankierenden Nischen die beiden Personifikationen der *Vita activa* und der *Vita contemplativa*, die Michelangelo von 1542 bis 1544 schuf. Die *Vita activa* in der rechten Nische geht in ihrer großartigen Gestalt auf die antike *Juno Cesi* zurück. Michelangelo gab der *Vita activa* als Lohn der Mühen im weltlichen Sinne einen Lorbeerkranz, den sie etwas versteckt in ihrer Linken hält, und in ihre rechte Hand ein Diadem, auf das sie nachdenklich herabblickt. Die *Vita contemplativa* gestaltete Michelangelo als junge, in ihre Gewänder und ihren Schleier gehüllte Frau noch kunstvoller, da ohne jedes weitere Attribut. In ihrer zur Höhe strebenden Bewegung verkörpert sie den Aufschwung der Seele in der Betrachtung allerhöchster Gegenstände, die sich in ihren schönen Augen spiegeln und denen sie sich anbetend, demütig nähert.

Oberhalb der Papstfigur erhebt sich die mächtige *Madonna mit ihrem Kind*, das mit seinen Händchen den Seelenvogel des Verstorbenen umfasst. Scherano da Settignano und Raffaello da Montelupo führten diese Gruppe nach Michelangelos Modell ab 1537 aus. Ihr zur Seite sitzen eine in Trauer sich neigende *Sibylle* und ein *Prophet*, wie sie im *Dies Irae* genannt werden. Für den erkrankten Raffaello da Montelupo sprang sein Mitarbeiter Giacomo del Duca ein, der diese Skulpturen nicht zu Michelangelos Zufriedenheit fertigstellte. Im Zentrum dieses Figurenkreises ruht der unter der Bürde seiner Tiara müde und beladen wirkende Papst Julius demütig auf seinem Sarkophag. Von seinen ersten Entwürfen an hatte Michelangelo niemals daran gedacht, den einstmals übermächtigen Pontifex an seinem Grabmal anders als sterblich und der göttlichen Hilfe bedürftig darzustellen, was manchen Besucher des Grabmals, vor allem in den letzten beiden Jahrhunderten, befremdet hat. Nach wie vor konzentriert der *Moses* alle Aufmerksamkeit auf sich, vor allem, nachdem ihn Antonio Canova aus seiner Nische im Unterstock hatte herausziehen lassen und auf einen viel zu hohen, neuen Sockel gesetzt hatte. Leider konnte ich während der jüngsten Restaurierung nicht erwirken, die Skulptur wieder in ihre angestammte Nische zurückzurücken. Eine neue, speziell auf den Moses ausgerichtete Beleuchtung stört außerdem den ursprünglichen Zusammenhang des Grabmals, dessen Zentrum die Statue des Papstes und nicht der *Moses* bilden sollte. Trotz dieser innovativen architektonischen Schöpfung in San Pietro in Vincoli verstummte die Kritik an diesem Werk nicht. Man empfand es als unzulässige Reduktion gegenüber den früheren Plänen, was Michelangelo und seinen Freund Annibale Caro veranlasste, die Verzögerungen und den Wandel der Pläne durch eine von Ascanio Condivi verfasste Biographie zu rechtfertigen, die 1553 im Druck erschien.

Noch vor dem Tod Clemens' VII. im Herbst 1534 hören wir von Sebastiano del Piombo, der Papst wolle mit Michelangelo einen Kontrakt abschließen, von dem dieser nie zu träumen gewagt hätte. Damit war der Auftrag für das *Jüngste Gericht* oberhalb des Altars und ein *Engelssturz* auf der Eingangsseite der Sixtinischen Kapelle gemeint. Der in der Casa Buonarroti erhaltene frühe Gesamtentwurf für das *Jüngste Gericht* in schwarzer Kreide zeigt auf der linken Seite eine dichte Traube zur Höhe schwebender Auferstandener, die Gestalten im obersten Rund weiter nach oben ziehen (Abb. 25). Die zu Christus Drängenden gipfeln in Maria, die mit weitausgreifender Geste den Richter um Milde anfleht. Christus selbst thront in ener-

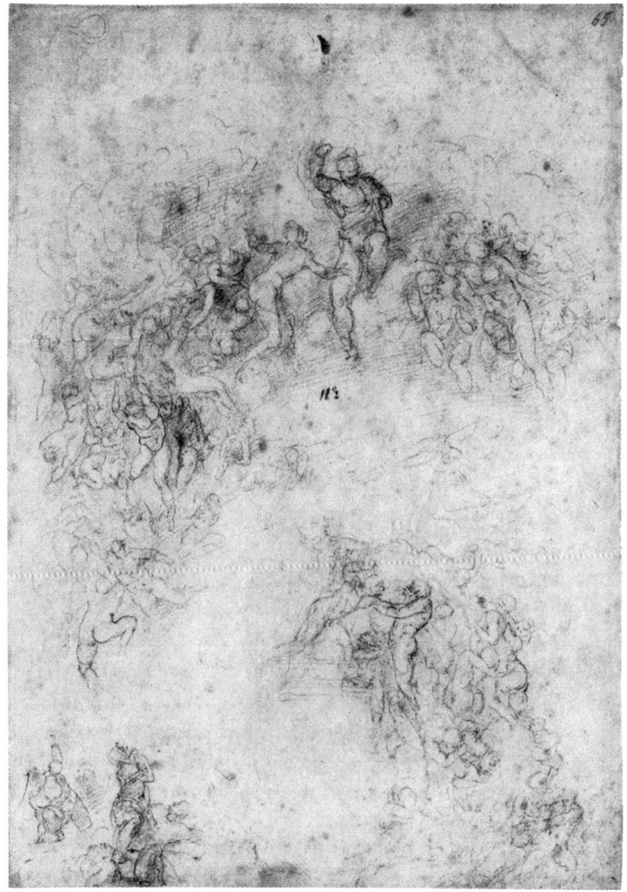

25 *Jüngstes Gericht*, Entwurf, 1534. Schwarze Kreide, 42 × 29,7 cm. Florenz, Casa Buonarroti

gischer Pose auf den Wolken und reckt seinen rechten Arm sehr weit nach oben, um die rechts heraufstürmenden Verdammten wieder in die Tiefe zu schleudern. Außer dieser Gesamtskizze sind für die Frühphase nur noch Teilentwürfe einerseits für den Personenkreis um Christus, andererseits für einzelne, z.T. sehr dynamische Figurengruppen auf der linken wie der rechten Seite des Freskos erhalten. Im Unterschied zur Gesamtskizze in der Casa Buonarroti hat sich Michelangelo schließlich entschieden, nicht nur die Lünetten in die Gesamtkomposition einzubeziehen, sondern zusammen mit der *Geburt Christi*, der *Auffindung des Moses* und den Darstellungen der frühen Päpste auch das Fresko mit der *Assumptio Mariens* abzuschlagen, um das riesige, recht breite Bildfeld besser proportionieren und vereinheitlichen zu können.

Mitte April 1535 errichtete man das Gerüst. Sebastiano del Piombo – erfolgreicher im Erfinden von neuen Maltechniken als Leonardo da Vinci – sollte die Grundierung anlegen; allerdings machte er den Fehler, einen Untergrund für eine Ausführung in Öl statt in *buon fresco* vorzubereiten. Michelangelo war darüber entsetzt und kündigte Sebastiano die Freundschaft auf. Im Januar 1536 wurde diese fehlerhafte Grundierung wieder abgeschlagen und im Februar eine neue, nach unten hin weniger tiefe Mauer aus Ziegeln aufgemauert, die das Absetzen von Staub verhindern sollte. Im Mai bestellte Michelangelo die Farben in Venedig. Den Untergrund für das Gemälde legte er in der Himmelszone mit Ockerrosa, für die Figuren in Weiß an. Die Restaurierung hat 456 Tagewerke feststellen können, dazu eine Pause in der Ausführung unterhalb der Lünetten. Die erste Hälfte des Freskos war am 15. Dezember 1540 fertiggestellt, das gesamte Werk wurde an Allerheiligen 1541 aufgedeckt. Ein wichtiger Gehilfe bei der Arbeit war wieder Francesco d'Amadore da Urbino; während der Arbeit stürzte Michelangelo sogar einmal vom Gerüst.

Das Fresko verkörpert in ungewöhnlicher Weise den Tag des letzten Gerichtes, an dem weder Christus noch seine Beisitzer in Ruhe verharren und auch die Auferstehenden nicht in ihren Kleidern, die sie im Leben getragen und die ihren Stand in der Gesellschaft zum Ausdruck bringen, zum Himmel auffahren (Abb. 31). Michelangelo konzipierte dieses Ereignis als ein gewaltiges Geschehen, bei dem sich Christus, Engel und Menschen in ihrer heroischen Nacktheit kaum mehr unterscheiden. Links auf der Erde brechen die durch Trompetenschall Erweckten aus den Erdschollen hervor, umkleiden sich mit unverweslichem Fleisch und sind glücklich, in dieser neuen «Schwere» der Körper von hilfreichen Wesen nach oben gezogen zu werden. Die Flugkraft der Auferstandenen nimmt zu, bis sie zuoberst den äußeren Kreis um Christus erreicht haben. Denn um der Breite des Freskos gerecht zu werden, verdoppelte der Künstler die Figurenkränze um Christus und verwandelte die zuvor auf den Entwürfen *sitzenden* Heiligen in nun *stehende*, die, obwohl einstmals Weggefährten Christi und Blutzeugen, vor der Gewalt des Richters zittern und ihn nur mit Furcht und äußerstem Staunen gewahren. Um die Gerechtigkeit dieses Richters zu bezeugen, fliegen Engel mit den Werkzeugen seiner Marter herzu; die Märtyrer zeigen sich mit den Werkzeugen ihrer Todesqual und bilden eine schützende Bastion, um die von rechts unten her anstürmenden Verdammten abzuwehren, die durch die Zeichen ihrer Sünden teils drastisch gekennzeichnet sind. Es gehört zur Wahrheit dieses Werkes, diesen Tag als letzten Kampf der Entscheidung vor Augen zu stellen und nicht so zu tun, als müsse hier nicht größte Mühe walten, das Böse zu besiegen. Aus Dante zog Michelangelo die Vision, dass Charon die von ihm in einem Kahn Herangefahrenen mit seinem Ruder in die Hölle schlägt.

Nicht jedem sagte dieses Werk zu, das ein Ereignis zeigt, das man im Grunde nicht darstellen, sondern nur als gewaltige Dichtung vor Augen stellen kann. Nicht nur den gegenreformatorischen Kräften, bereits Pietro Aretino war hier zu viel Nacktheit, zu starkes Entfernen von Überlieferung in Wort und Bild. Unkeusche Blicke meinten anstößige Szenen entdecken zu müssen. So gesehen ist es ein Glück, dass der junge Marcello Venusti bis 1549 für Kardinal Alessandro Farnese das Fresko im kleinen Format wiedergab und wir so eine Ahnung davon erhalten, wie es vor den Veränderungen und Übermalungen des Daniele da Volterra und seiner Nachfolger ausgesehen hat, zu denen es nach den Bestimmungen des Konzils von Trient 1564 gekommen war. Bereits Paul IV. hatte mit diesem Gedanken gespielt, doch nach Vasari habe sich Michelangelo nicht dazu bereitgefunden, allzu Anstößiges zu übermalen, und das Ansinnen folgendermaßen kommentiert: *Sagt dem Papst, daß das eine kleine Angelegenheit sei, die man leicht zurechtmachen könne; daß er die Welt zurecht machen solle, dann kämen schnell auch die Malereien zurecht.* Aus Gründen der Schicklichkeit sollte das Grandiose dieser Körper, so wie sie Gott jedem einzelnen gegeben hat, und wie sie Michelangelo mit der Kraft seines *Disegno* hervorgebracht hatte, verhüllt werden, als zeigten wir uns im Himmel mit den Kleidern, wie sie uns die Gesellschaft auf der Erde je nach Stand und Vermögen gegeben hat. Und dies sollte nun auch in der Ewigkeit gelten? Das konnte Michelangelo nicht glauben, und das war auch seiner Kunst nicht gemäß, was diejenigen, die ihn mit diesem Werk beauftragt hatten, durchaus wussten. Blickt man nicht nur auf die heroischen Körper, sondern auch auf einzelne Details, insbesondere auf die Köpfe, sind sie von einer Allgemeinheit der Form, die erahnen lässt, was Michelangelo unter einer *forma universale* verstanden hat.

Michelangelo war in diesem neuen Jahrzehnt in Rom das Glück beschieden, in Alexander Farnese, seit Oktober 1534 Papst Paul III., auf einen Mäzen und souveränen Pontifex zu treffen, der ihm alle Möglichkeiten einräumte. Dieser dem Leben zugewandte, aber auch die Reform der Kirche einleitende Papst ernannte ihn 1536 zu seinem Familiaren, zu seinem ersten Architekten, Bildhauer und Maler und er befreite ihn von der Zunftpflicht. Nach der Aufdeckung des *Jüngsten Gerichtes* 1541 drängte er den an das Juliusgrabmal gebundenen Künstler, die am Kopfende der Sala Regia von Antonio da Sangallo neuerbaute und dem Hl. Paulus geweihte Cappella Paolina mit zwei großen Fresken auszumalen; in ihr bewahrt man nicht nur das Hl. Sakrament auf, sondern hier fanden auch Wahl und danach Huldigung des neuerwählten Papstes statt. Insofern war es nur passend, an diesem Ort die beiden Hauptheiligen des Petersdomes, Paulus und Petrus, in zentralen Ereignissen darzustellen. Michelangelo begann mit der Freskierung der *Bekehrung des Saulus*, zu der als Gegenstück eine *Übergabe der Schlüssel an Petrus* der Tradition gemäß gewesen wäre. Die stattdessen gewählte *Kreuzigung Petri* müssen gewichtige theologische Gründe bestimmt haben. Die Ausführung der beiden Fresken zog sich bis 1550 hin, unterbrochen durch die schweren Krankheiten Michelangelos in den Jahren 1544, 1546 und 1548, durch die Meißelung der *Vita activa* und der *Vita contemplativa* für das Juliusgrabmal sowie durch die Übernahme des Baus von St. Peter seit 1546, um nur die wichtigsten Verpflichtungen zu nennen; von kleineren wird im folgenden Kapitel die Rede sein.

Die Arbeit am Fresko der *Bekehrung des Saulus* begann 1543 und war vermutlich 1545 abgeschlossen. Statt des Saulus, der als junger Mann die christlichen Juden verfolgte, sehen wir den bereits zum Paulus gewandelten reifen Mann, den sein zweizipfliger langer Bart kennzeichnet. Seine Augen sind in sein durchgearbeitetes Gesicht wie bei einem Blinden eingesunken; mit seiner erhobenen linken Hand sucht er sich vor dem Lichtblitz zu schützen, der von Christus ausgeht, der aus der Tiefe des Raums herangeflogen kommt und den mehrere Gruppen von Engeln anbetend begleiten. Dem von seinem Pferd gestürzten Paulus sucht ein Begleiter treu aufzuhelfen, weitere Gerüstete schützen ihn durch ihre Körper, geben aber zugleich ihrer Bestürzung Ausdruck. Am linken und am rechten unteren Rand des Freskos ebbt die Anspannung etwas ab, verdichtet sich aber (wie in Michelangelos Entwürfen für eine *Auferstehung Christi*) rechts in einer Gruppe zu Boden Gestürzter, über denen weiteres Fußvolk nach oben blickt und das unbegreifliche Ereignis zu fassen sucht. In die Tiefe der einfachen, baumlosen Hügellandschaft stürmt das sich aufbäumende Reitpferd des Saulus davon, Symbol der *Superbia* des einstigen Christenverfolgers. Rechts gewahren wir die Silhouette der Stadt Damaskus. Die Komposition des Freskos prägt ein abwechslungsreiches Kolorit, in dem neben den Hauptfarben Grün und Blau der Landschaft gelbe und messingfarbene Töne den Weg des Lichts unterstreichen, aber auch Rosa und Violett, partienweise sogar kräftige Rot- und Rosttöne Akzente setzen.

Die *Kreuzigung Petri* konzipierte Michelangelo jenseits der ikonographischen Tradition, nämlich nicht wie z. B. bei Giotto als vollzogene zwischen der Pyramide des Cestius und der kegelförmigen Brunnenanlage der *Meta sudans*, sondern in einer weiten Landschaft, in der das Kreuz Petri gerade aufgerichtet wird (Abb. 32). Auf einem Hügel im Vordergrund wird das Loch, in dem das Kreuz ruhen soll, erst ausgehoben; eine große Corona von Schergen hat das Kreuz emporgestemmt und dirigiert es an seinen Standort. Der mit dem Haupt nach unten angeheftete Petrus hebt in einem letzten Augenblick seinen Kopf an und sendet einen Blick von solcher Entschiedenheit und inneren Qual aus, dass man Papst Benedikt XVI. nur zustimmen kann, wenn er die beiden Apostel aufeinander bezieht: *Es ist, als suchte Petrus in der Stunde der höchsten Prüfung jenes Licht, das Paulus den wahren Glauben geschenkt hat* (Die Paulinische Kapelle, S. 13). Viele Männer und Frauen unterschiedlichen Alters, unter denen sich wohl eine Reihe bereits Bekehrter befindet, sind zu dieser Marterstätte auf dem Gianicolo hinaufgepilgert und geben ihrem Mitgefühl in tiefer Stille Ausdruck. Bei Einzelnen im Hintergrund entspinnen sich auch leise Dispute über die Besonderheiten dieses Blutzeugnisses. Dieser vielstimmigen Anteilnahme ist der stumpfe Zug der Soldateska, die links den Hügel hinaufsteigt, entgegengesetzt; für diese mehr physisch als geistig präsenten Gestalten hat sich der originale Karton erhalten. Die Ausführung des Freskos, vermutlich 1546 begonnen, wurde im Jahr nach dem Tod Pauls III. im November 1549 beendet.

In diesen beiden Fresken, besonders aber in der späteren *Kreuzigung Petri* entwickelte Michelangelo einen Stil, der durch große, einfache Gestalten von meist schwerer Leiblichkeit bestimmt wird, die in ihrer Differenziertheit aber nicht der Individualität entbehren. Die Naivität des Ausdrucks, die Schlichtheit der Kleidung deuten auf die Zeit des frühen Christentums hin. Da die Hügellandschaft in ihren Brauntönen hier höher hinaufreicht als in der *Bekehrung des Saulus*, durchsetzte der Künstler die Komposition mit mehr Blautönen, wählte aber auch viele gebrochene Töne, die den Ernst dieses Ereignisses in ferner Zeit unterstreichen; die Gesamtwirkung ist eine, die den Betrachter, ganz bewusst, in Unruhe versetzt, ja aufrüttelt.

In einem ähnlichen Stil ist auch der große Karton einer Sacra Conversazione (der *Epiphanie*-Karton im British Museum) gehalten, der das Thema der Geburt Christi in ganz unüblicher

Art ausfaltet. Zur Linken der Madonna nähert sich mit kräftigem Schritt ein junger Mann, der eindringlich eine Frage an sie richtet. Sie antwortet darauf, indem sie einen alten bärtigen Mann mit ihrem Arm zurückschiebt. Frage und Antwort beziehen sich wohl auf die Vaterschaft des Kindes, das eingerollt ganz natürlich zwischen ihren Füßen ruht. Auch der kleine hinzugetretene Johannes der Täufer erblickt dieses göttliche Kind mit größtem Erstaunen. Ascanio Condivi hat diesen Karton, der sich beim Tod Michelangelos noch in seinem Atelier befand, vor 1553 in ein Gemälde übersetzt, das in der Casa Buonarroti zu besichtigen ist.

7. Freundeskreise in Rom, späte religiöse Werke und Entwürfe für befreundete Künstler

In Rom bildeten sich mehrere neue Freundeskreise unterschiedlicher Ausrichtung um Michelangelo, mit denen der Künstler u. a. durch seine politischen Interessen, seine Gedichte und eine vertiefte Reflexion über Fragen der kirchlichen Reform in Verbindung stand.

Ein wichtiger Gesprächspartner war ihm hier erstens Donato Giannotti, solider Vordenker einer republikanischen Verfassung mit zwei Kammern und einem Zehnerrat nach dem Vorbild der Republik Venedig, mit dem Michelangelo während der Jahre des Umsturzes 1527–1530 in Florenz eng zusammengearbeitet hatte. Nach der erneuten Machtübernahme durch die Medici wurde Giannotti verhaftet, gefoltert und aus Florenz verbannt, was Michelangelo alles erspart geblieben war. Den Antimediceern diente Giannotti als Abgesandter in den Verhandlungen mit den neuen Herren in Florenz, bis jene 1537 in der Schlacht von Montemurlo durch Cosimo I. vernichtend geschlagen wurden. Daher zog sich auch Giannotti 1539 nach Rom zurück und trat in die Dienste des Kardinals Niccolò Ridolfi, Haupt der antimediceischen Partei, der sog. *fuorusciti* (im Exil Lebenden), in Rom. Der Mord am verhassten Alessandro de'Medici durch Lorenzino, Sohn des in Kapitel 1 erwähnten Lorenzo di Pierfrancesco de'Medici, im Januar 1537 veranlasste Giannotti nicht nur zu einer tragischen Behandlung des Tyrannenmörders Brutus, sondern auch zu einem Dialog mit Michelangelo über den Abstieg Dantes in die Hölle, im Besonderen aber über die Gründe des Dichters, die Caesarmörder Cassius und Brutus zusammen mit Judas im tiefsten Kreis der Hölle in Luzifers Maul zu versetzen. Dieser Dialog entstand vermutlich ca. 1546, ein Zeitraum, in den man neuerdings auch die Büste des *Brutus* datiert, die Michelangelo auf Anraten Giannottis für Niccolò Ridolfi geschaffen haben soll, schließlich aber unvollendet dem Künstler Tiberio Calcagni schenkte, mit dem er eng zusammenarbeitete (Abb. 26). Diese Büste des tapferen Verteidigers der römischen Republik M. Junius Brutus ist im gesamten Schaffen des Abendlandes ohne Vergleich. Ihren unteren runden Abschluss teilt sie mit anderen Büsten der Antike bzw. der Renaissance, das vollständig ins Profil gerichtete Antlitz aber ist einzigartig. Michelangelo gelang es, diesen vorbildlichen Charakter in seiner ganzen Mächtigkeit, in der sich Angriffswille mit Verachtung paart, aus dem bartlosen Bildnis des Brutus auf einem Karneol zu entwickeln, der sich nach Vasari in der Sammlung des Giuliano Cesarini befunden haben soll. Aus Calcagnis Besitz kam die Büste über den Kunstagenten Diomede Leoni schließlich in die Sammlung des Großherzogs Francesco de'Medici in der Villa Petraia, der das äußerst problematische Werk durch eine Inschrift zu «entschärfen» versuchte, in der behauptet wird, Michelangelo habe die Fertigstellung des *Brutus* unterbrochen, nachdem ihm dessen Verbrechen bewusst geworden sei.

Aus Florenz sah man mit Argusaugen auf die Umtriebe der *fuorusciti* und versuchte ihrer habhaft zu werden; seit September 1547 war es jedem bei Strafe verboten, mit ihnen Umgang zu pflegen. 1548 ermordete man in Venedig den *toskanischen Brutus* Lorenzino de'Medici. Niccolò Ridolfi überlebte 1550 das Konklave nicht, in dem man ihn vermutlich zum neuen Papst gewählt hätte. Michelangelo musste daher auf der Hut

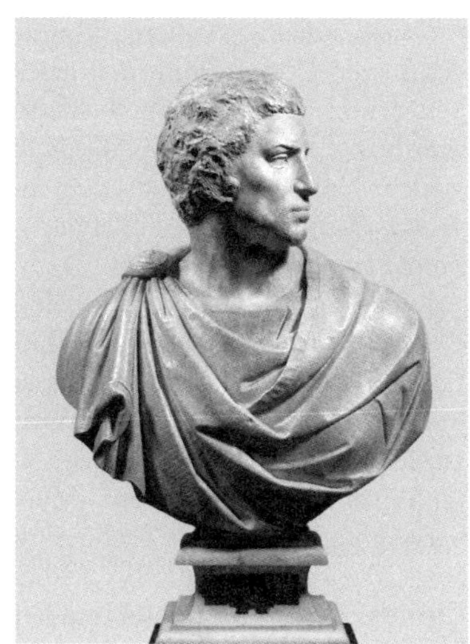

26 Michelangelo und Tiberio Calcagni, *Brutus*, ca. 1548. Marmor, 74 cm hoch. Florenz, Museo Nazionale del Bargello

vor den Häschern des Herzogs Cosimo I. sein. Anlass für erhebliche Sorgen um seine in Florenz zurückgebliebene Familie bildete seine tiefe Freundschaft mit Luigi del Riccio, der als Prokurator in der Bank der verfemten Strozzi in Rom arbeitete und während der abschließenden Arbeiten am Juliusgrabmal für den Freund einen Großteil der umfänglichen Korrespondenz und der Rechnungslegung übernommen hatte.

Zusammen mit Giannotti traf man sich oft des Abends, um Sonette und Madrigale auszutauschen und zur Laute vorzutragen. Bereits 1518 hatte Bartolomeo Trombocino Michelangelos lyrisches Gedicht *Com'era dunque ardire* vertont. 1533 schufen die Sänger der Sixtinischen Kapelle, Costanzo Festa und Jean Conseil, später auch der berühmte flämische Komponist Jacques Arcadelt die Musik zu einigen von Michelangelos Madrigalen. Die beiden Freunde Del Riccio und Giannotti arbeiteten überdies zusammen daran, aus Michelangelos reichem Schatz an Poesien ein Konvolut zusammenzustellen, das man nicht in Druck geben wollte, aber das als handschriftlich verfasstes Büchlein (*libretto*), wie er selbst eines mit den Gedichten von Vittoria

Colonna besaß, zirkulieren konnte. An diesem in der Vaticana erhaltenen Codex kann man ersehen, mit welcher Bescheidenheit sich Michelangelo den beiden anvertraute und vor allem darauf hoffte, durch sie seine Gedichte in moderner Orthographie aus der Hand geben zu können; auch die Syntax der oft schwer verständlichen Verse sollte etwas vereinfacht werden, was nicht immer gelang (Abb. 27).

Blickt man auf die Vertrautheit in diesem Bund, überrascht es nicht, wenn Michelangelo für Luigi del Riccio eine Gabe der Freundschaft bereithielt, als dessen Neffe Cecchino Bracci mit 16 Jahren im Pestjahr 1544 starb und den Onkel untröstlich zurückließ. Michelangelo entwarf für diesen Jüngling ein Epitaph in einer Kapelle in Santa Maria in Aracoeli, das über einem Sarkophag die Büste Cecchinos in einem schlichten Gewand zeigt. Die für ein Epitaph wichtigen Inschriften reduzierte der Künstler auf ein Minimum und ließ sie die Büste flankieren. Ein besonderes Kuriosum aber stellen die 48 Epigramme Michelangelos auf Cecchinos Tod dar, mit denen er sich u. a. auch für Sendungen bedankte, die ihm die Freunde von Haus zu Haus schickten, wie z. B. gesalzene Pilze oder einen frischen Fisch. Gefährlich wurde für Michelangelos Familie die Lage, als Luigi del Riccio den schwerkranken Michelangelo in sein Heim im Haus des Bankiers Filippo Strozzi aufnahm, um ihn zu pflegen. In Florenz schätzte man diesen Aufenthalt im Palast der Strozzi als direkten Umgang mit Vaterlandsverrätern ein, der zu Repressalien an den Buonarroti in Florenz einlud. Michelangelo hatte alle Mühe zu betonen, dass er sich nur in Del Riccios Wohnung aufgehalten habe, die von der der Strozzi getrennt sei. Dennoch ließ er es sich nicht nehmen, die beiden für das Juliusgrabmal angefertigten *Sklaven* (heute im Louvre), die in San Pietro in Vincoli keine Verwendung mehr hatten finden können, dem Sohn des (im Gefängnis verstorbenen) Filippo Strozzi, Ruberto, der sich im sicheren Lyon aufhielt, zu schenken, um sich für die Fürsorge zu bedanken. Dieses königliche Geschenk reichte Strozzi weiter an König Franz I. von Frankreich, der sie seinem Konnetable Montmorency überreichte. Die Stoßrichtung war klar; denn Michelangelo versprach mit Nachdruck, dem franzö-

27 Sonett und Brief an Vittoria Colonna, begleitet von korrigierenden Abschriften durch Donato Giannotti, ca. 1541. Feder, 28,9 × 21,5 cm. Florenz, Archivio Buonarroti

sischen König auf eigene Kosten ein bronzenes Reiterdenkmal in Florenz zu errichten, wenn dieser seine Heimatstadt von der Herrschaft der Medici befreien würde.

Neben diesen engen Freundschaften mit Cavalieri, Giannotti und Luigi del Riccio bildete das vertraute Verhältnis zur hochadeligen Dichterin Vittoria Colonna (1490/92–1547), Witwe des kaiserlichen Generals Francesco Ferrante d'Avalos, Marchese von Pescara, ein Band ganz anderer Art. Mit ihr war er bereits durch das Gemälde des *Noli me tangere* in Verbindung getreten, hatte sie aber erst in Rom persönlich kennengelernt. Durch den Portugiesen Francisco d'Olanda (seit dem Sommer 1538 zu einem Studienaufenthalt in Rom) wissen wir, dass sich die Dichterin mit Michelangelo im Kloster San Silvestro auf dem Quirinal zum Hören von Predigten und zu Gesprächen über Fragen der Kunst getroffen hat. Vittoria war über Italien hinaus berühmt für ihre Sonette, in denen sie ihren 1525 verschiedenen Mann mit unverbrüchlicher Liebe betrauerte, aber auch für ihre religiöse Dichtung. Im ersten ihrer *rime spirituali* heißt es: *Vom blinden Weltsinn lange eingenommen, / nährt ich am Busen gleich der Schlange / den eitlen Ruhm, mit Thränen dann und bange / zum Herrn gewandt, sah ich die Hülfe kommen. // Als Feder nun die heil'gen Nägel frommen, / getaucht in Jesu Blut, dass rein empfange / der heil'ge Leib die Schrift, entströmt dem Drange / des Herzens, dem sein Leiden überkommen* (Bertha Arndts 1858, Bd. II, S. 2–3). Durch Vittoria kam Michelangelo verstärkt mit reformatorischem Gedankengut in Berührung. Der spanische Theologe und Humanist Juan de Valdès, der vor allem in Neapel wirkte, propagierte wie Martin Luther eine stärkere Verinnerlichung des Glaubens und eine Distanz zur Amtsautorität; auch alle Verdienste, die sich der Gläubige durch gute Taten erwerben könne, seien zuallererst der göttlichen Gnade geschuldet. Sogar Glaubenszweifel seien erlaubt, von denen wir auch in Gedichten Michelangelos dieser Jahre hören: *Bald auf dem rechten Fuß, bald auf dem linken, / bald steigend, bald ermüdet zum Versinken, / hintaumelnd rathlos zwischen Gut und Böse / such' ich, wer meiner Seele Zweifel löse; / denn wem verhüllt des Himmels Weiten, / wie können den des Him-*

mels Sterne leiten? / Drum sei mein Herz das unbeschrieben Blatt, / und was das deine aus sich selbst gefunden. / O schreib es nieder! Was in allen Stunden / die Richtschnur sei, nach der es Sehnsucht hat. / Damit im Irrsal dieser Lebenstage / mir Antwort werde auf des Lebens Frage: / Ob die geringere Gnade einstmals finden, / die demutsvoll sich nahn mit tausend Sünden / als die, die stolz auf was sie gethan, / im Überfluss der guten Werke nahn (Grimm 1901, Bd. II, S. 298).

Für Vittoria Colonna, deren Schönheit Michelangelo pries und deren männlicher, ja göttlicher Kraft er sich als Empfangender unterordnete, schuf er zeichnend allein Werke religiösen Inhalts, die sie bewundernd mit der Lupe und im Spiegel betrachtete und auf die sie in Briefen und Sonetten dankend antwortete. Eine besondere Erfindung stellt hier seine Zeichnung des gekreuzigten Christus dar (London, British Museum, ca. 1538–1542), der sich in ungewöhnlicher Weise noch lebend am Kreuzholz windet und (nach Condivi) die Worte *Herr, Herr, warum hast Du mich verlassen?* spricht. Als 20 Jahre später Giulio Bonasone diese Zeichnung stach, suchte er diese Darstellung äußerster Verlassenheit Christi, die Papst Paul IV. als häretisch untersagt hatte, durch den Zusatz *In deine Hände, Herr, empfehle ich meinen Geist* wohl kirchenkonformer zu gestalten. Andererseits gelang es Michelangelo, durch die vollendet schöne Gestalt Christi und die Kraft seiner körperlichen Bewegung seine über die menschliche hinausgehende göttliche Natur zum Ausdruck zu bringen. In etwas späterer Zeit konnte man Michelangelo dazu bewegen, diese Szene durch die zu ihrem Sohn aufblickende Mutter Gottes und den in seine Trauer verschlossenen Evangelisten Johannes zu ergänzen. In dieser figurenreicheren Form hat der aus Oberitalien stammende Maler Marcello Venusti ca. 1555 mehrere gemalte Fassungen geschaffen, von denen eine Tommaso Cavalieri gehörte (Campion Hall, Oxford University) und eine weitere Michelangelos treuem Mitarbeiter Urbino (Rom, Galleria Doria Pamphili), der am 3. Januar 1556 verstarb.

Eigentümlich ist auch seine Erfindung einer *Pietà* für Vittoria Colonna, die die Mutter Gottes am Fuß des Kreuzes sitzend zeigt, während der vom Kreuz abgenommene Christus zwischen ihren Schenkeln von zwei trauernd bewegten Putten gehalten wird (Abb. 33). In der zarten Zeichnung in schwarzer Kreide in Boston sind die Wundmale Christi kaum angedeutet, die abgenommene Dornenkrone liegt vor seinen überkreuzten Füßen. Überraschenderweise verknüpft die Inschrift auf dem Kreuzesholz *non si sa quanto sangue costa* die klagend erhobenen Arme der Madonna mit einer Passage aus Dantes XXIX. Gesang des Paradiso (v. 91–96), in dem vor einer Verdrehung der Heiligen Schrift gewarnt wird: *Man denkt nicht, wie viel Blut schon hat gekostet / ihre Verbreitung und wie gottgefällig / die Demut ist, die willig sich ihr fügt. / Ein jeder tut gelehrt und kommt mit neuen Erfindungen, / die dann die Prediger verwerten; doch vom Evangelium schweigt man* (Carneri 1901, S. 397). Diese besondere Zeichnung ließ Vittoria Colonna durch Michelangelo selbst oder durch gute Kopisten für die Kardinäle Ercole Gonzaga und Sir Reginald Pole vervielfältigen, und so verwundert es nicht, dass dieses begehrte Sujet in Stichen, Gemälden und auch im Relief Verbreitung fand. Dasselbe trifft auch auf Michelangelos dritten Entwurf für Vittoria zu, in dem er *Christus und die Samariterin am Brunnen* gestaltete und der nur durch Nachbildungen in unterschiedlichen Medien erhalten ist. Ungewiss bleibt, ob auch sein häufig replizierter Entwurf für eine Heilige Familie mit dem Johannesknaben, genannt *Madonna del Silenzio*, da der Christusknabe im Schoß seiner Mutter auf einer Bank schläft und nicht gestört werden soll, ebenfalls für Vittoria Colonna entstanden ist.

Die Zusammenarbeit mit Marcello Venusti erwies sich auch in einer Reihe weiterer Projekte als fruchtbar. Der Vermittlung Tommaso Cavalieris sind zwei Altargemälde zu verdanken, von denen das eine ab 1546 die Kapelle der Cesi in Santa Maria della Pace schmücken sollte, das andere den Altar des Kollegiums der Kleriker und der Wohltäter in San Giovanni in Laterano, deren Kapelle bis 1555 erbaut wurde. Michelangelo entwarf hierfür zwei kleine Kartons (*cartonetti*) mit unterschiedlichen Darstellungen der Verkündigung an Maria, die beide Marcello Venusti im Gemälde ausführte. Der Entwurf für die Tafel der Cesi-Kapelle ist in New York in der Pierpont Morgan Library erhalten; er überrascht durch die Innovation einer sitzenden Madonna, die sich weit nach hinten zurückbeugt und aufwärts blickt, da sich der Engel hinter ihrem Rücken von oben herannaht. Von dem verlorenen Originalgemälde existieren eine Reihe von Repliken, zu denen auch die Version im Palazzo Corsini zu Rom gehört. Der *cartonetto* für die Verkündigung in San Giovanni in Laterano, der die Madonna an einem Pult stehend zeigt, wird in den Uffizien aufbewahrt. Die beiden Verkündigungsmadonnen laden zu einem direkten Vergleich ihres physischen und seelischen Habitus mit der *Vita contemplativa* am Juliusgrabmal ein. Vergleicht man die delikate Art, wie die feinen, in Lagen übereinandergeschichteten Gewänder den Leib umspielen, erkennt man, dass nur noch in der Zeichnung und im Gemälde, aber kaum mehr im Stein solch zart bewegter Stoff zu verwirklichen war.

Einen dritten *cartonetto* Michelangelos für einen *Christus im Garten Gethsemane*, der wie viele Werke dieses letzten Lebensjahrzehnts von seiner Auseinandersetzung mit Werken des Mittelalters geprägt ist, hat Marcello Venusti ebenfalls in ein Gemälde umgesetzt, desgleichen einen Entwurf Michelangelos für eine *Vertreibung der Wechsler aus dem Tempel*, der durch seine wuchtige Simplizität beeindruckt. Dieses Thema bezieht sich auf die Kirchenreform Papst Pauls IV., der es 1559 auch als Revers für eine seiner Medaillen vorsah.

In diesem Jahrzehnt versenkte sich Michelangelo tief in das Leiden Christi in einer umfangreichen Serie von Entwürfen für eine Kreuzigung Christi, von denen einige Rätsel aufgeben, welche Gestalten unter dem Kreuz eigentlich dargestellt sind, denn nicht immer handelt es sich um Maria und den Evangelisten Johannes. Beide aber zeigt das besonders anrührende Blatt im British Museum, in dem Maria, gleichsam in einem letzten Lebewohl, ihren Kopf an den Sohn schmiegt und seinen Schenkel küsst, während Christus die Worte *Siehe deine Mutter* (Joh. 19,27) zu seinem Lieblingsjünger spricht, der diesen letzten Wunsch empfangend aufnimmt (Abb. 34). Auf späteren Entwürfen dieser Serie erzeugen starke Korrekturen mit Bleiweiß der vielen Strichlagen in schwarzer Kreide ein ungewöhnliches Vibrieren der Figuren, die nun symmetrisch angeordnet sind. Ob diese Blattfolge für einen bestimmten Zweck oder als private Meditation entstanden ist, muss vorerst offenbleiben. Von besonderer Zartheit der Strichführung zeugen ferner die Zeichnungen für zwei weitere Spätwerke des Meisters, deren Kartons verloren sind: Zum einen handelt es sich um den Entwurf für Vittorias Freund, Kardinal Giovanni Morone, der den *Abschied Christi von seiner Mutter* zeigt, bevor er den Kreuzesweg auf sich nimmt – ein Thema, das Michelangelo in deutschen Stichen studieren konnte. Das zweite Blatt zeigt die seltene Wiedergabe der *Erscheinung Christi vor seiner Mutter nach seiner Auferstehung*. Zeitgleich dichtete er viele Sonette, die einen umfassenden Einblick in Michelangelos Ringen um Wahrhaftigkeit im Glauben geben.

In den 1550er Jahren entwickelte sich auch eine enge Zusammenarbeit mit dem Maler Daniele Ricciarelli, genannt nach seinem Geburtsort Da Volterra. Er hielt sich seit 1536/37 in Rom auf und führte, auch in Zusammenarbeit mit Perino del Vaga, bedeutende Aufträge für römische Familien aus, darunter den Freskenschmuck für die Kapellen Massimi, Orsini und Della Rovere in Trinità dei Monti. Auch an der Ausstattung der Sala Regia im Vatikan war er beteiligt, während Michelangelo in der Cappella Paolina malte. Für den Rechtsgelehrten, Humanisten und Literaten Giovanni della Casa, der an einem Traktat über die Malerei schrieb, in dem sicherlich die Frage, ob der Malerei oder Skulptur der Vorrang gebühre, eine Rolle spielen sollte, fertigte Daniele da Volterra ca. 1555 das Modell eines David an, der dem Goliath den Kopf abschlägt, um es von links und von rechts auf die beiden Seiten einer Schiefertafel abzumalen. Witzig ist daran der Umstand, dass die beiden gemalten Ansichten keineswegs dasselbe Modell wiedergeben. Für diese Gruppe, für einen *Hl. Johannes in der Wüste,* der in der Einsamkeit Wasser aus einer Quelle schöpft, wie auch für das profane Thema des Äneas, den Merkur aus dem Bett der Dido ruft, sind Entwürfe Michelangelos erhalten, die Daniele zum Teil ganz eigenständig in Gemälde umsetzte. Im Laufe der Jahre wandte sich Daniele

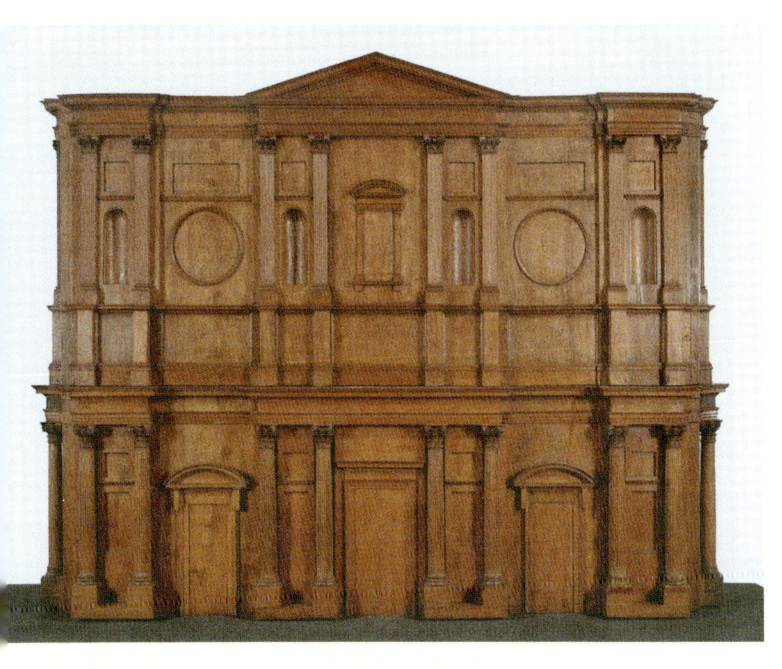

28 *Modell für die Fassade von San Lorenzo*, 1517.
Holz, 216 × 283 × 50 cm. Florenz, Casa Buonarroti

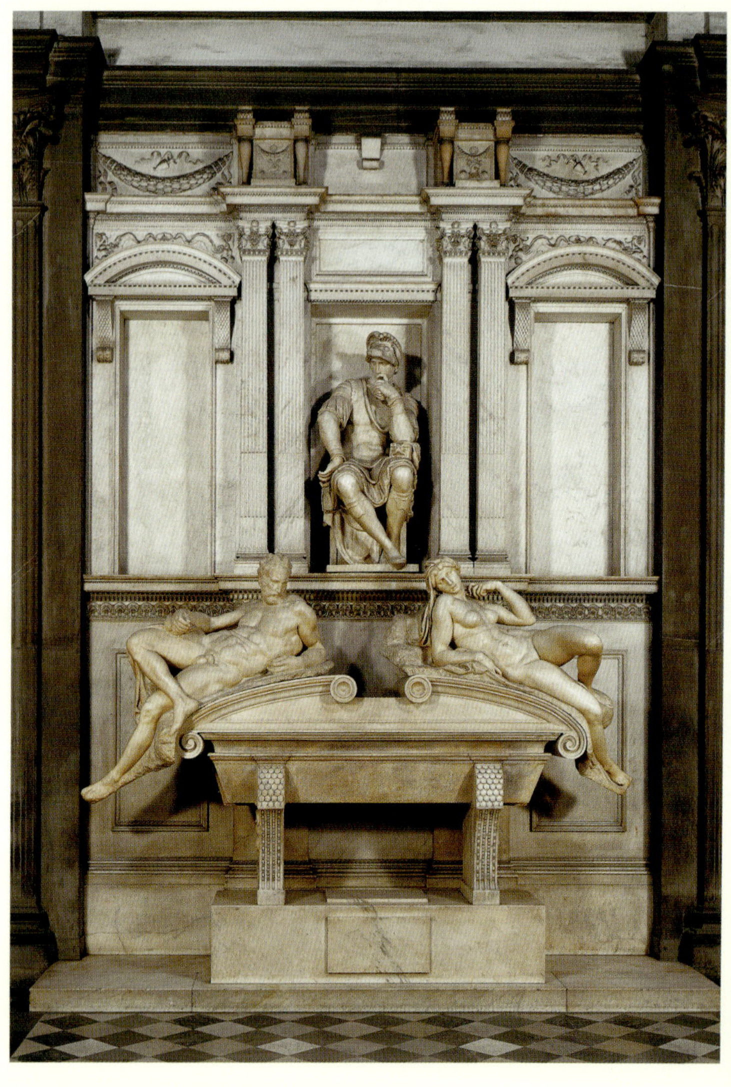

29 *Grabmal des Lorenzo de'Medici, Herzog von Urbino*, ca. 1524–1534.
Florenz, San Lorenzo, Neue Sakristei

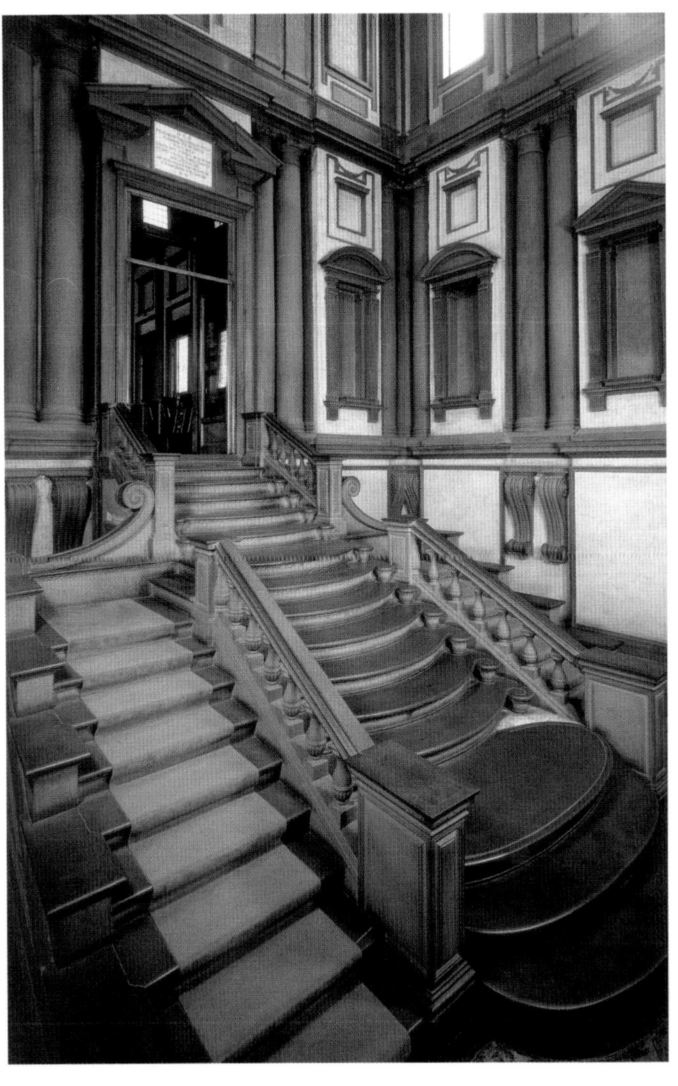

30 *Ricetto*, 1523–1559. Florenz, San Lorenzo, Biblioteca Laurenziana

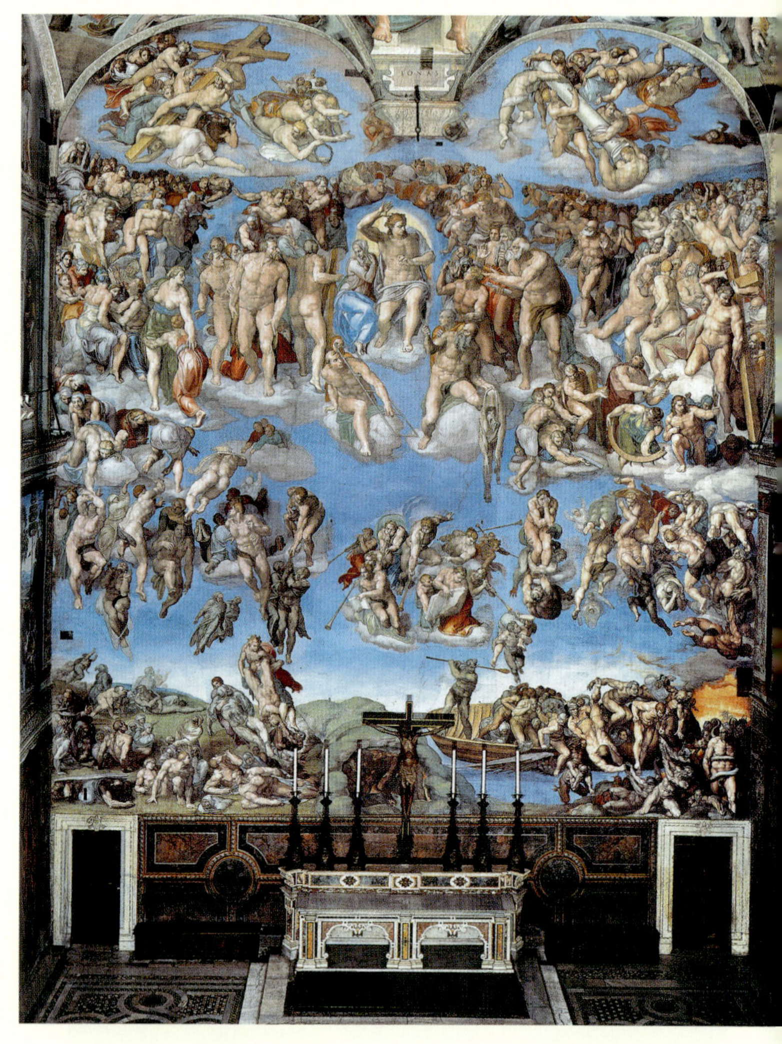

31 *Jüngstes Gericht*, 1536–1541. Fresko, 16 × 13 m.
Rom, Città del Vaticano, Sixtinische Kapelle

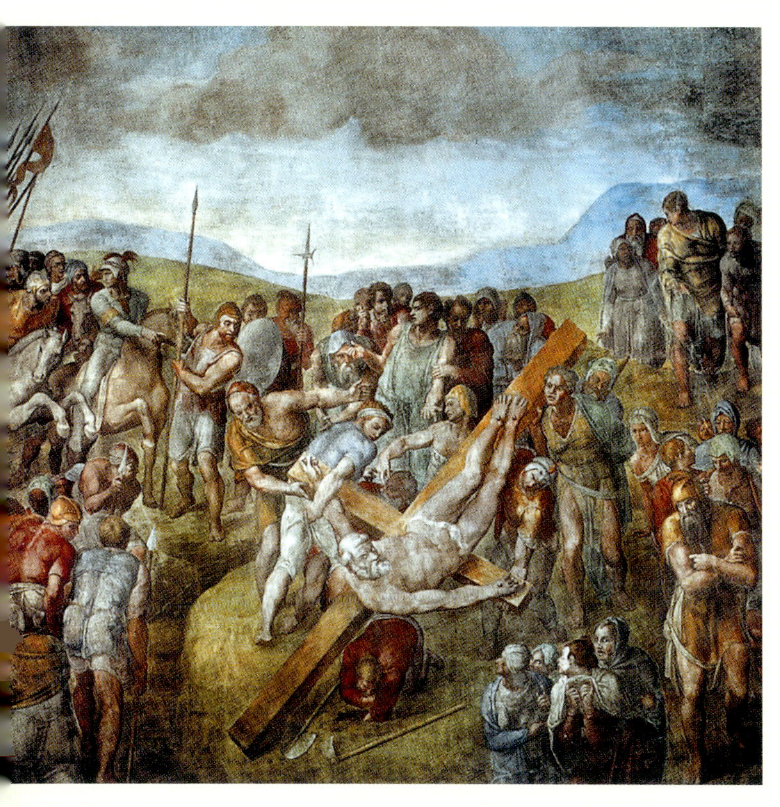

32 *Kreuzigung Petri*, ca. 1545–1550. Fresko, 6,26 × 6,62 m.
Rom, Città del Vaticano, Cappella Paolina

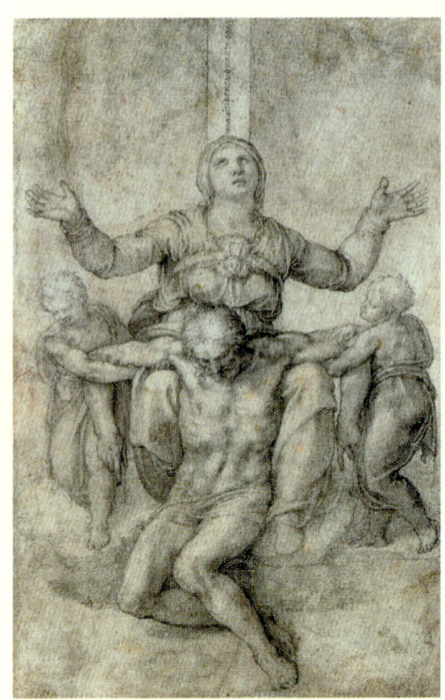

33 *Pietà* für Vittoria Colonna, ca. 1538–1541. Schwarze Kreide, 29 × 19 cm. Boston, Isabella Stewart Gardner Museum

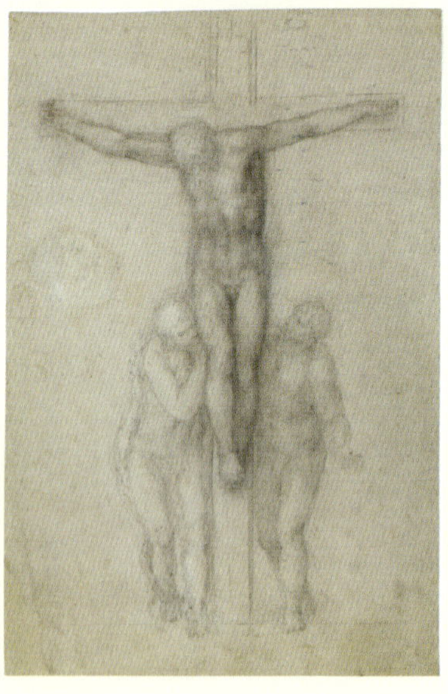

34 Entwurf für eine *Kreuzigung Christi*, 1550er Jahre. Schwarze Kreide, Bleiweiß, 41,2 × 27,9 cm. London, British Museum

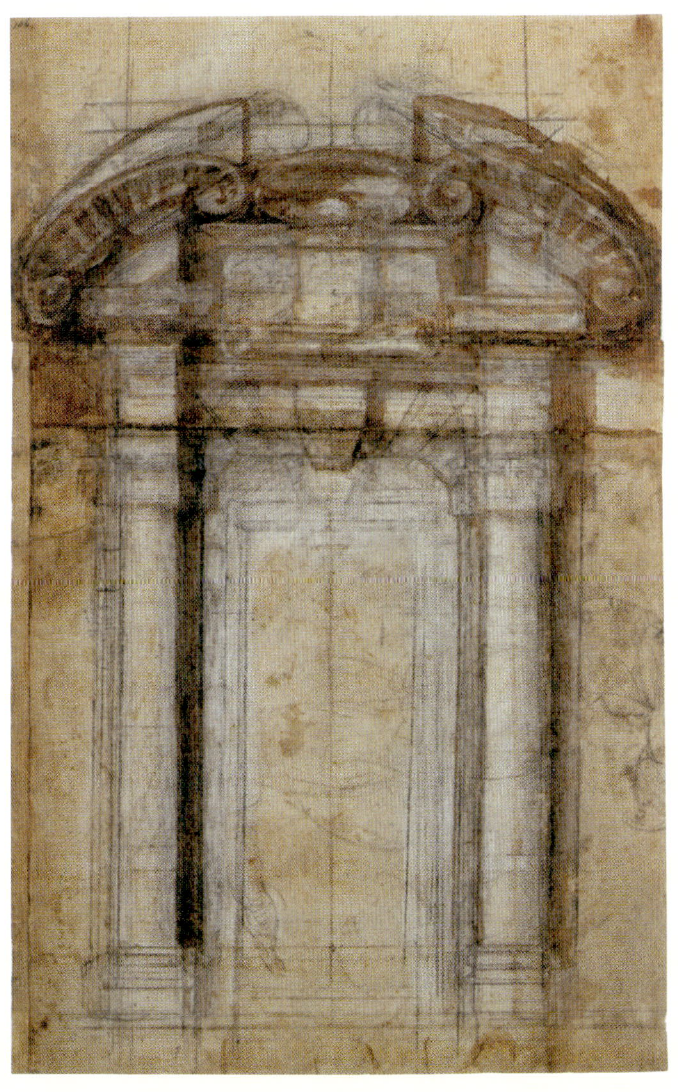

35 Entwurf für die *Porta Pia*, ca. 1561. Schwarze Kreide, Feder, Lavur, Bleiweiß, 44,2 × 28,2 cm. Florenz, Casa Buonarroti

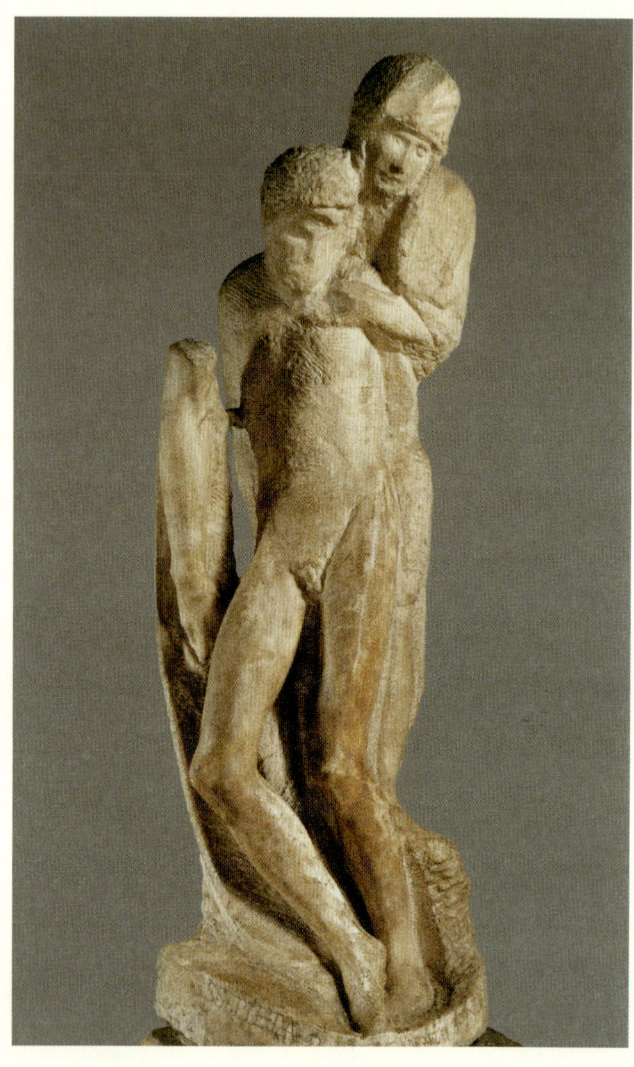

36 *Pietà Rondanini*, vor 1564. Marmor, 196 cm hoch.
Mailand, Castello Sforzesco, Civiche Raccolte d'Arte Antica,
Museo d'Arte Antica

verstärkt der Bildhauerei zu, was ihn veranlasste, 1556–1557 in Florenz die Skulpturen in der Medici-Kapelle zu studieren und nachzubilden. Für die Darstellung eines Hl. Paulus und eines Hl. Peter in der Cappella Ricci in San Pietro in Montorio steuerte Michelangelo Entwürfe bei, denen Daniele aber nur partiell folgte; ausgeführt wurden die beiden Skulpturen von Leonardo Sormani.

Ein letztes großes Projekt verband die beiden seit 1559. Katherina de'Medici hatte Michelangelo in einem Handschreiben eindringlich darum gebeten, ein bronzenes Reiterdenkmal für ihren verstorbenen Gatten, König Heinrich II., zu entwerfen und von einem Meister seiner Wahl ausführen zu lassen. Michelangelos Entwurf sah ein Grabmal für den im Turnier umgekommenen Fürsten vor; geformt und gegossen aber wurde durch Daniele da Volterra nur das bronzene Ross, das etwas größer als das des Marc Aurel und in ähnlich anmutiger Bewegung entworfen war (Abb. 37). Aus Danieles Werkstatt gelangte diese Bronze zuerst in den Besitz der Rucellai, von denen es ein Erbe mit nach Paris nahm. Dort erwarb es Kardinal Richelieu, der es mit der Figur Ludwigs XIII. vervollständigen und auf der Place Royale aufstellen ließ. In der Revolutionszeit wurde es zerstört.

Daniele erwarb sich ein besonderes Verdienst durch Bronzeportraits Michelangelos, von denen er ab 1564 mehrere Versionen anfertigte (Abb. 38). Alle, die Michelangelo persönlich gekannt hatten, stimmten darin überein, dass er in seinen letzten Jahren gerade so ausgesehen habe: Die Plastiken zeigen einen fest gebauten Kopf, an dem die Knochenstruktur deutlich hervortritt, die nur von Sehnen und wenig Muskulatur überzogen ist. Verzicht und Entsagung prägen das Antlitz. Unvergleichlich ist der Ausdruck der Augen eingefangen; denn sie blicken mit höchster Konzentration nach innen, wo in der Einbildungskraft der Künstler seine Visionen formt. Größer kann das Verdienst eines Porträtisten nicht sein, dieses kaum darstellbare Charakteristikum erfasst zu haben.

In diesen Jahren musste Michelangelo, wie es im Alter nicht ausbleibt, einige schwere Verluste ertragen: 1546 starb Luigi del

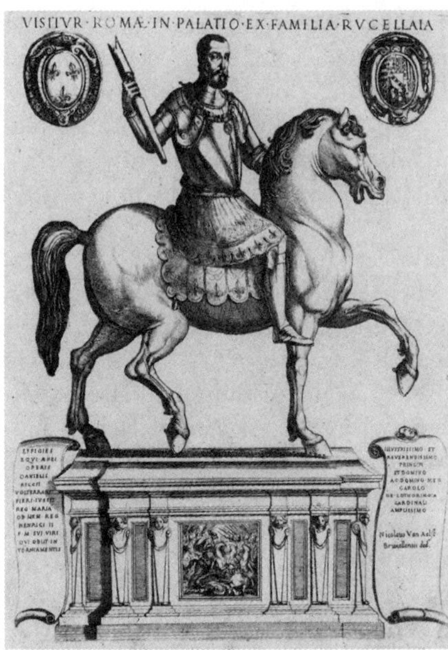

37 Antonio Tempesta, *Heinrich II. zu Pferd*, ca. 1600. Stich, 50,9 × 33,5 cm. New York, The Metropolitan Museum of Art

Riccio, 1549 Papst Paul III., 1555 sein Bruder Gismondo. Besonders aber schmerzte Michelangelo 1547 der Tod Vittoria Colonnas. Ihrer gedachte er in einer Reihe von Sonetten; am schönsten aber ist vielleicht der einfache Satz, mit dem er gleich nach ihrem Tode einen Brief einleitete: *Ich habe einen großen Freund verloren* (die Bezeichnung als *Freundin* wäre zu zweideutig gewesen). Genauso tief aber bewegte ihn Anfang 1556 der Tod seines treuen Mitarbeiters Urbino, von dem er schrieb: *Die Gnade bestand darin, daß er, nachdem er mich im Leben lebendig erhalten hat, sterbend mir das Sterben beigebracht hat und nicht mit Bedauern über, sondern mit Sehnsucht nach dem Tod.* Francesco hatte ihm bei allen seinen großen Unternehmungen als geschulter Gehilfe zur Seite gestanden und sich dadurch ein kleines Vermögen erworben. Dies erlaubte ihm auch, einen Hausstand zu gründen und zwei Kinder zu zeugen, deren Taufpate Michelangelo war. Diese Familie lebte zusammen mit Michelangelo in

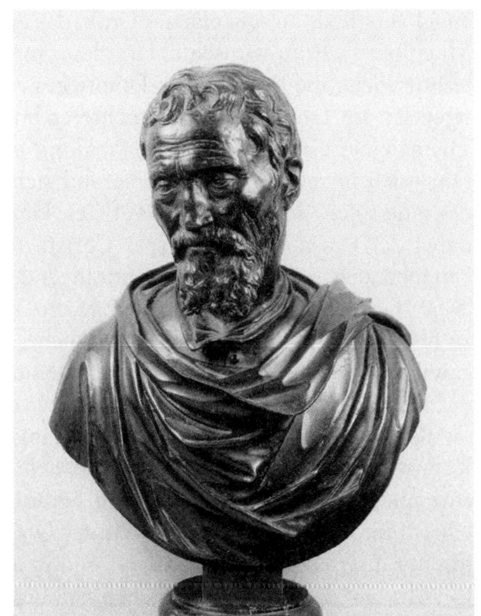

38 Daniele da Volterra und Giambologna, *Portrait Michelangelos*, 1564/66 (Kopf), 1600/08 (Bruststück). Bronze, 59 cm hoch. Florenz, Casa Buonarroti

seinem Haus am Macello de'Corvi. Nach dem Tod Urbinos kehrte seine Ehefrau Cornelia Colonelli mit ihren Kindern an ihren Geburtsort Casteldurante zurück. Die beiden Gemälde nach den erwähnten Entwürfen Michelangelos für eine *Kreuzigung Christi* und eine *Verkündigung Mariens*, die die beiden Kinder Francescos geerbt hatten, zogen zuerst das Interesse des französischen Kardinals de Tournon, dann des Herzogs von Urbino, Guidobaldo della Rovere, auf sich; Letzterem mussten sie schließlich diese Werke abtreten. Michelangelo sorgte aber für Ersatz und kümmerte sich noch jahrelang um die Familie. Anstelle Urbinos verblieb dessen Gehilfe Antonio del Francese, der ebenfalls aus Casteldurante stammte, in Michelangelos Haus, des Weiteren ein Maurermeister namens Antonio. Nach Michelangelos Tod vermietete sein Neffe Lionardo die Wohnung dieser Mitarbeiter an Daniele da Volterra.

Nach einer schweren Erkrankung im Jahr 1546 dachte Michelangelo erstmals an sein eigenes Grab, das er sich in Santa Maria Maggiore zu Rom wünschte. Für dieses meißelte er die erschütternde *Pietà*, die heute in der Domopera zu Florenz zu besichtigen ist. Im Laufe der Jahre suchte er immer wieder neu das Thema einer *Grabtragung* oder *Pietà mit vielen Figuren* zu fassen; noch in seinem Nachlass befand sich ein großer Karton, der eine solche Konfiguration aufwies. Hauptanliegen war ihm dabei der Umstand, den Körper Christi durch die ihn liebend Umgebenden und an ihn Herandrängenden in eigentümlicher Weise bewegt zu halten. Diesen *concetto* auch in eine Skulptur zu übersetzen, grenzt fast ans Unmögliche, vor allem wenn man gewillt ist, eine solche Vierergruppe, wie sie die *Pietà Bandini* in der Domopera auszeichnet, aus einem einzigen Stein herauszumeißeln. Nikodemus, die hohe Gestalt eingehüllt in Mantel und Kapuze, im mitfühlenden Gesicht Michelangelo selber ähnlich, tritt mit festem Schritt von hinten heran und sucht den Leib Christi im Schoß der sitzenden Mutter Gottes zu platzieren, die ihn mit ihrem linken Arm umfasst und in unendlicher Liebe ihr Gesicht an das des verstorbenen Sohnes herandrückt. Man weiß, dass der junge, schöne Mann im Zentrum der Gruppe nicht mehr lebt; doch die Anmut, mit der er seine beiden Arme im Bogen einerseits nach hinten um Maria Magdalena, andererseits nach vorne führt, und auch die Schönheit seines Oberkörpers, den das Licht auf den geglätteten Partien erstrahlen lässt, legt es dem Betrachter nahe, darüber zu reflektieren, dass der hier Gezeigte auf eigentümliche Weise lebendig erscheint. Bewegt wird er aber zugleich durch die Liebe, die diese vier Personen in je eigener Weise vereint, und lässt an die Schlussterzine des Sonetts *Erinnerung an die Vergangenheit* denken, in der es heißt: *Und dennoch läßt Dein Opfer uns vertrauen, / daß, wie Dein Leiden einst war unermessen, / auch Deine Liebe dauert ohne Ende* (Redslob 1964, S. 227).

Dennoch hat Michelangelo diese Skulptur in einem Wutanfall zerschlagen, nachdem sich immer mehr problematische Einlagerungen im Stein während der Meißelarbeit zu erkennen gaben, die ein Weiterarbeiten unmöglich machten. Bis heute fehlt das linke Bein Christi, das später Tiberio Calcagni ersetzen sollte, was aber nicht gelang; außerdem versuchte er, die Maria Magdalena fertigzustellen. Das verhauene Werk wollte Michelangelo erst seinem Mitarbeiter Antonio del Francese schenken, überließ es dann aber Francesco Bandini, der Antonio del Francese mit 200 Dukaten entschädigte und das Werk in einer Nische seines römischen Weingartens aufstellen ließ.

Kurz danach wandte sich Michelangelo den beiden Fassungen der *Pietà Rondanini* (heute Mailand) zu, an denen er bis zu seinem Tod arbeitete (Abb. 36). Ein kleiner Kreideentwurf in Oxford lässt vermuten, dass die erste Fassung der *Pietà Rondanini* Christus, nach links hinsinkend, in den Armen seiner Mutter zeigt, die verzweifelt zurückblickt, ob ihr in ihrem Schmerz jemand zu Hilfe komme. Von dieser Version ist noch der rechte Arm Christi erhalten. In der zweiten Fassung rücken nicht nur die Körper von Sohn und Mutter, sondern auch ihre Köpfe dicht aneinander. Am Haupt der Madonna sind die Gesichter beider Fassungen sichtbar stehen geblieben.

8. Das späte architektonische Schaffen

Michelangelos letzte Schaffensjahrzehnte in Rom sind im Besonderen durch seine Tätigkeit als Architekt geprägt. Kleinere Arbeiten, wie die Befestigung des Borgo (1546–1548) und die Arbeiten an der Brücke Santa Maria (1548), seien hier nur nebenbei erwähnt. Bei der Fülle der Aufgaben und der Großartigkeit der Planungen überrascht es nicht, dass nur wenige dieser architektonischen Schöpfungen noch zu seinen Lebenszeiten zur Vollendung kamen. Doch die Wirkmächtigkeit seiner Ideen war so groß, dass das Meiste in großen Zügen nach seinen Plänen errichtet wurde. Garanten für die Verwirklichung der Bauten bzw. für eine bleibende Erinnerung an sie waren seine Entwürfe auf Papier, in Ton oder Holz, von denen aber nur noch wenige erhalten sind. Unverzichtbare Zeugnisse stellen daher die nach diesen Zeichnungen oder Holzmodellen angefertigten Stiche dar.

Wichtige Beispiele dieser Art sind der 1567 von Faleti herausgegebene Stich des Grundrisses des Kapitolsplatzes und der ihn begrenzenden Paläste, sowie die beiden perspektivischen Ansichten in Stichen des Etienne Dupérac von 1568 und 1569 (Abb. 39). Sie zeigen im Zentrum der Anlage die Bronzestatue des Marc Aurel, die Michelangelo nur widerstrebend auf Wunsch Pauls III. dort errichtete, auf seinem neuartig-ovalen Sockel, aufgehend über dem leicht aufgewölbten Oval des Platzes, den drei Stufenreihen begrenzen. Dort, wo die drei Hauptwege – im Osten vom Forum Romanum und im Westen von der Stadtseite her – in den Platz münden, buchten die Stufen einladend leicht nach außen aus. Der Grundriss zeigt deutlich das trapezförmige Zueinander der drei Paläste, die am Aufgang von der Stadt her näher zusammenstehen als im Osten vor dem dominierenden Senatorenpalast. Durch die Wahl eines ovalen Sockels für das Reiterdenkmal überführte Michelangelo die gewölbten Formen des Pferdebauchs in eine architektonische Fassung, durch die Wahl eines ovalen Platzrundes griff er die Längsstreckung des Platzes auf und zentrierte sie zugleich: Sockel und gestrecktes Platzrund erinnern an die einst oval konzipierte innere Cella des Grabmals für Papst Julius II. von 1505 und seinen ebenso im Zentrum stehenden, vermutlich ovalen Sarkophag. Die Flanken des Platzes sind durch zwei spiegelgleiche, zweistöckige Paläste begrenzt, die an der Front durch kolossale Pilaster mit korinthischen Kapitellen vor mächtigen, die Struktur tragenden Pfeilern gegliedert sind. Das Kranzgesims bekrönt eine luftige Balustrade mit reichem Statuenschmuck antiker Gottheiten, die sich auf die Größe Roms beziehen. Ein schattiger Gang im Erdgeschoss wird durch die Reihung einzelner Gewölbe gebildet, die auf je vier Säulen ionischer Ordnung ruhen. Die vorderen zwei dieser Säulen flankieren die Pfeiler an der Front – ein Motiv, das Michelangelo schon in den Zwanzigerjahren für die Grabmäler der Medici-Päpste entwickelt hatte –, die rückwärtigen zwei meißelte man aus massiven Travertinblöcken so heraus, dass sich mehr als eine Halbsäule zeigt. Neben den strengen Formen der Pilaster dürfen sich hier die fülligen Formen der Säulen und ihrer extravagant modellierten Kapitelle entfalten.

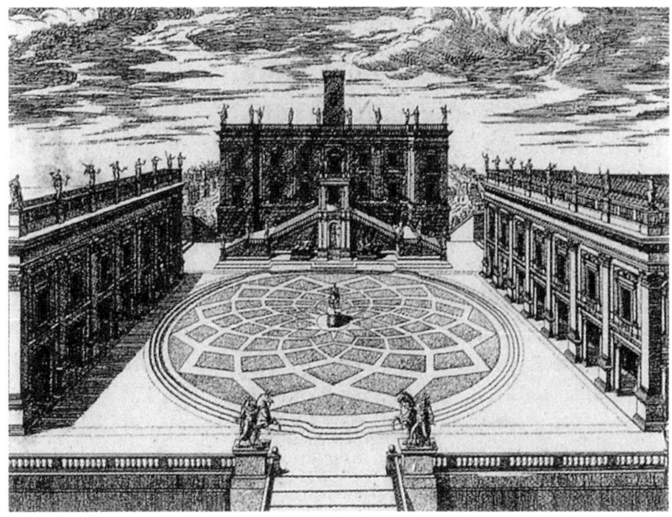

39 Etienne Dupérac, *Michelangelos Entwurf für das Kapitol* (zweiter Zustand), 1569. Radierung, 37,6 × 53,5 cm. New York, The Metropolitan Museum of Art

Sie passen zum organischen Rund des Sockels und der Wölbung des Platzovales. Durch ädikulagerahmte Türen konnte man im Palast der Konservatoren die Räume der sieben Zünfte betreten.

Beide Paläste streben auf den Senatorenpalast zu, dem, wie an kommunalen Bauten üblich, eine grandiose, doppelläufige Treppe vorgelagert ist. Ursprünglich sollte sie vor dem Zugang zum Palast im ersten Stock mittig von einem Baldachin überwölbt werden, unter dem (nach Vasari) in einer vortretenden Nische eine Jupiterstatue geplant war; heute birgt sie eine *Roma*. Die Stufenfolge der Freitreppe ist so angelegt, dass sie erst dem Risalit der seitlich aufgehenden Türme folgt und danach zurückschwenkt. In diese beiden Rücksprünge zuseiten der zentralen Nische rückte Michelangelo die riesigen lagernden Flussgötter des *Tiber* und des *Nil* ein und wies ihnen, wie der Statue des Marc Aurel, damit einen festen Ort im architektonischen Verbund an.

Dieses Konzept zu verwirklichen, das auf Regularisierung und Symmetrie im Sinne menschlicher Anatomie ausgerichtet war und einen funktional nicht notwendigen Parallelbau zum Konservatorenpalast erforderte, bedurfte über einhundert Jahre; aber es gelang, obwohl viele verschiedene Hände daran beteiligt waren und, wie nicht anders zu erwarten, es durchaus zu Modifikationen kam. Ein Auslöser der Neugestaltung war sicherlich die peinliche Unmöglichkeit gewesen, 1536 Kaiser Karl V. auf seinem Triumphzug vom Forum nach St. Peter auch auf das verwahrloste Kapitol zu führen. Als Erstes ließ Papst Paul III. 1538 die Statue des Marc Aurel vom Lateran dorthin überführen und bereicherte dadurch u.a. den Statuenschatz an Bronzewerken der Konservatoren, der in ihrem gleichnamigen Palast auf der rechten Seite versammelt war und ist. Michelangelo konnte gegen dieses Vorhaben nichts ausrichten; denn im Grunde hatte das Reiterdenkmal eines Kaisers auf dem Platz der Kommune nichts zu suchen. Im ausgeführten Statuensockel von 1539 kündigt sich das Oval des künftigen Platzes schon an, das aber erst ab 1561 angelegt wurde. Die eigentliche Gestaltung des Ensembles setzte 1546 mit der durchgreifenden Vereinheitlichung der völlig asymmetrischen Vorderfront des Senatorenpalastes und der Aufrichtung der monumentalen Treppenanlage ein, in die die Flussgötter integriert wurden, die zuvor den Eingang des Konservatorenpalastes unterhalb der Bronzelupa geschmückt hatten. Weitere Skulpturen dieser Sammlung, die im Freien zu sehen waren, wurden später ebenfalls an einen anderen Ort gebracht, wie das antike Fragment eines Löwen, der ein Pferd schlägt, das auf der alten Treppe des Senatorenpalasts auf dessen Funktion als Ort des Gerichts hingewiesen hatte. Insofern schält sich durch Michelangelos Neuordnung ein gewisser Verzicht auf die alten *signa* an ihrem angestammten Ort heraus und eine Deutung des Ensembles im allgemeineren Sinne einer *renovatio Romae*. Das Desinteresse der Päpste Julius III. und Paul IV. an den Bauten der Kommune ließ die Arbeiten stocken. Der Beginn der neuen Fassung des Konservatorenpalastes setzte mit Papst Pius IV. ein; unter der Bauleitung Tommaso Cavalieris entstand das erste Joch des Erdgeschosses im Westen zwischen 1563 und 1564. Den weiteren Fortgang des Baus betreute zuerst Guidetto Guidetti, seit 1565 Giacomo della Porta.

Paul III. Farnese ließ es sich nicht nehmen, Michelangelo auch die Fertigstellung des Familienpalastes in Rom zu übertragen, nachdem der frühere Erbauer Antonio da Sangallo 1546 gestorben war. Michelangelo veränderte hier an der Front 1547–1549 das zentrale Fenster des *piano nobile*, indem er statt eines Bogens einen geraden Sturz einfügen und darüber ein monumentales Wappen der Farnese anbringen ließ. Er erhöhte das dritte Geschoss und bekrönte den Palast mit einem auffallend hohen, formenreichen Gesims, das die Anhänger Vitruvs heftigst kritisierten. Auf das bereits errichtete Erdgeschoss des großen Innenhofes setzte er zwei weitere Stockwerke, die er, außer an der Seite zum Garten hin, mit ädikulabesetzten Mauern schloss. Besonders markant vortretende Pilaster mit Rücklagen fungieren im dritten Geschoss als Stützen, und im Relief stark nach oben drängende Fensterädikulen beherrschen die Wände. Die bemerkenswerte Raffinesse des architektonischen Details setzt Michelangelos Erfindungen in der Medici-Kapelle fort. Im Inneren sah er einen *ricetto* zwischen Treppenaufgang und *salone* vor, den er mit einem ungewöhnlichen, da halbovalen Gewölbe überspannte. Hervorzuheben bleibt die Vision von Papst und Künstler, im Garten hinter dem Palast die riesenhafte Gruppe des *Farnesischen Stieres* wie in der Antike als Springbrunnen aufzustellen sowie eine Brücke über den Tiber anzulegen, damit man bequem die Villa Farnesina zu Fuß erreichen könne.

Julius III. del Monte (Papst von 1550 bis 1555) entwickelte die grandiose Idee, durch Michelangelo einen wenig tiefen, aber mindestens drei Stock hohen und sieben Achsen breiten Palast, den im Erdgeschoss Säulen und darüber Pilaster gegliedert hätten, an ein Gartenrund ganz besonderer Art heranzurücken – nämlich an den Mauerring, der vom Mausoleum des Augustus noch erhalten war und den eine Reihe von Statuen schmückten, von denen Ulisse Aldrovandi berichtet. Michelangelos Holzmodell, das Vasari in den höchsten Tönen ob seiner Neuartigkeit lobte, wurde leider nie umgesetzt; doch Henry

Millon hat den Kontrakt mit einer minutiösen Abrechnung seiner Bestandteile 1979 publizieren können. 1560 ließ Pius IV. dieses berühmte Modell Herzog Cosimo I. als Geschenk überreichen, der das für die Fassade von San Lorenzo bereits sein Eigen nannte. Vasari und einigen Dokumenten verdanken wir den Hinweis, Michelangelo sei unter Papst Julius III. an den Planungen für die reizvoll in mehreren Etagen mit Gärten und einem Nymphäum angelegte Villa Giulia beteiligt gewesen und habe durch seine Vorschläge auch die Errichtung der Cappella del Monte in der Kirche San Pietro in Montorio begleitet, die Giorgio Vasari zusammen mit dem Bildhauer Bartolomeo Ammannati, den Michelangelo statt Raffaello da Montelupo vorgeschlagen habe, ausstattete. Um 1557 oder später sind auch zwei Entwürfe für den Palast des Ugolino Grifoni in Florenz entstanden, den Ammannati später realisiert hat.

Verwirklicht hat Michelangelo 1551 eine zweiläufige Treppe als Aufgang zu Bramantes Exedra, die den Cortile del Belvedere abschloss. Der Entwurf einer doppelläufigen Treppe auf dem Blatt 19F in der Casa Buonarroti ist ca. 1556 entstanden und daher weder auf die des Senatorenpalastes noch auf die des Belvedere zu beziehen, sondern auf eine Treppenanlage, die in den Schacht um die Trajanssäule herum hinabführte, den Michelangelo aus einer Kloake zu einem Ort machte, an dem man dieses bedeutende Monument vom Sockel her ungestört betrachten konnte.

In diesem Kontext profaner Architektur darf auch Michelangelos letztes Werk, die Porta Pia, nicht fehlen, die zwischen 1561 und 1564 als Abschluss der Via Pia, die vom Quirinal bis zum Stadtrand reichte, erbaut wurde; sie führte vorbei an den Gartenanlagen, in denen die humanistisch Gebildeten ihre Dichter lasen und sich an den Sammlungen antiker Skulpturen erfreuten, die man wie die Texte genauer zu studieren und zu ordnen begann. Die in variantenreicher Technik für dieses ungewöhnliche Stadttor entworfenen großen Studien zeigen, wie sich Michelangelo von allen üblichen Vorstellungen, wie diese Bauaufgabe zu lösen sei, trennte und es zu einer Häufung und Überlagerung baulicher und dekorativer Motive kam, die auch

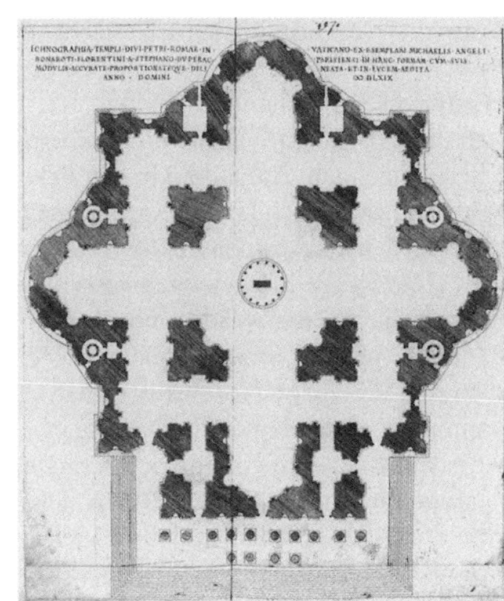

40 Etienne Dupérac, *Grundriss von St. Peter nach Michelangelos Entwurf*, 1569. Radierung, 46 × 41,4 cm. Berlin, Staatliche Museen zu Berlin – Preußischer Kulturbesitz, Kupferstichkabinett

den ausgeführten Bau prägen (Abb. 35). Der doppelte Giebel, der das Tor abschließt, die in Form eines tiefen Blockes frei heraustretende Inschriftentafel, die ein weit herabhängender Feston wie an einem Grabmal unterfängt, die drohende Maske im Zentrum des Lünettenfeldes über dem rustizierten Eingang erinnern an Motive, die Michelangelo bereits in der Medici-Kapelle und in der Biblioteca Laurenziana entwickelt hatte und die er hier in grandiosem Maßstab fortdachte. Es ist eine Lektion in Freiheit künstlerischer Konzeption.

Michelangelos größte Bürde nach dem Tod Antonio da Sangallos war die Aufgabe, den seit langem stockenden Bau von St. Peter (1546–1564) weiter voranzutreiben (Abb. 40, 41). Trotz aller Widerstände der dafür zuständigen Deputierten der Fabbrica di San Pietro konnte Michelangelo, unterstützt durch ein *motu proprio* Pauls III. vom Oktober 1549, das dem Künstler völlig freie Hand und seine Bezahlung aus der päpstlichen Kasse zusicherte, seine Vision von St. Peter in wesentlichen Teilen realisieren und den weiteren Fortgang durch ein Modell der Kuppel auf den Weg bringen. Michelangelo nahm den Ausgang von

Bramantes ursprünglichem Konzept, den Bau vom zentralen Kuppelrund über Tonnengewölbe zu den Apsiden fortzuführen. Die für die Kuppel aufgerichteten, dreiseitigen Pfeiler schlossen sich um das Rund im Zentrum zu einem Geviert zusammen, das Michelangelo am Außenbau in den Ecken eines Quadrates spiegelte. Die vier gleich langen Kreuzarme traten im Westen, Süden und Norden als Apsiden hervor. Nur im Osten sollte nach Ausweis einer Skizze Michelangelos das Apsidenrund in eine gerade Fassade eingebettet werden, vor der ein Säulenportikus wie am Pantheon geplant war. Michelangelo entwickelte 1546/47 die Idee des Süd- bzw. Nordarms erst in einem preiswerten Ton-, dann in einem Holzmodell. Die Bauarbeiten begannen mit dem Abriss des äußeren Umgangs um die Südtribuna, den Antonio da Sangallo angelegt hatte. Durch den Verzicht auf diese Umgänge um die Apsiden und eine Vielzahl weiterer Räume und Türme, die Michelangelo als überflüssig ansah, reduzierte er den Umfang des Gebäudes und damit auch die Kosten erheblich. Die dadurch erzielte Kohärenz des Innenraums wie die der Baumasse, die ihn umschloss, darf man als spektakulär bezeichnen. Um den Bauplan als unabänderlich zu befestigen, zog man zugleich beide Arme im Süden wie im Norden hoch, während im Westen noch Bramantes Cappella Julia fast fertig stand. Die Innengliederung in grauem Travertin folgte Bramantes Entwurf. Den Außenbau gliederte Michelangelo wie am Kapitol in einem getragenen Rhythmus durch kolossale, vor Rücklagen herausgestufte korinthische Pilaster, die als Paare zusammengefasst sind. Mit diesen in schwindelnde Höhen reichenden Stützen wechseln sich monumentale Ädikulen in zwei Geschossen übereinander ab. Die unteren Nischenrahmungen zeichnet eine schwerlastige, dorische Ordnung aus; die Fenster darüber werden von leichter wirkenden Balustraden begrenzt und von Säulen mit ionischen Kapitellen eingefasst. Weiteres Licht empfängt der Innenraum (wie in der Medici-Kapelle) durch nach unten gerichtete Schächte, die in den halbrunden Bogenfenstern der ursprünglich glatt abschließenden Attika ihren Anfang nahmen. Später hat Pirro Ligorio diese Öffnungen mit rechteckigen Fenstern überblendet (Abb. 41).

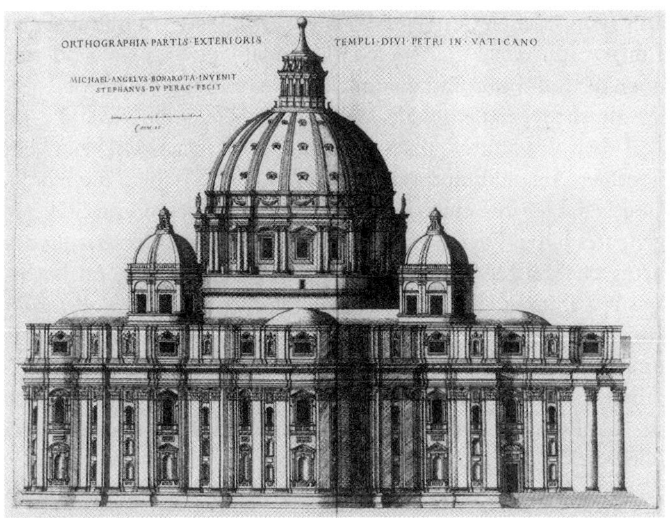

41 Etienne Dupérac, *Längsaufriss des Äußeren von St. Peter von Süden her gesehen*, 1569. Radierung, 38,6 × 46,1 cm. Berlin, Staatliche Museen zu Berlin – Preußischer Kulturbesitz, Kupferstichkabinett

In einem nächsten Schritt wandte sich Michelangelo dem Tambour zu, auf dem die Kuppel fußen sollte. Einen gewissen Ausgangspunkt für die Planung stellte hier die im Maßstab einzig vergleichbare Kuppel des Florentiner Domes dar, für deren Tambour Michelangelo bereits 1516 Entwürfe geliefert hatte, die ebenfalls große Tondi als Lichtquelle vorsahen. Am ab 1554 ausgeführten Tambour von St. Peter dagegen besetzen von Ädikulen gerahmte rechteckige Fenster die Interkolumnien zwischen den 16 mit korinthischen Doppelsäulen besetzten, kräftig heraustretenden Strebepfeilern. Handzeichnungen in Lille (ca. 1546/47) und Haarlem, entstanden vor dem 1558–1561 gefertigten Modell der Kuppel, verraten Michelangelos Ringen um die Kurvatur der doppelschaligen, mit Rippen besetzten Kuppel, um die Gliederung der Laterne und im Besonderen um das Größenverhältnis von Kuppel und Laterne zueinander. Im Unterschied zu diesen Entwürfen weist die Kuppel auf Etienne

Dupéracs Stichen des Petersbaus von 1569 einen halbkugeligen Umriss auf. Am erhaltenen Holzmodell im Vatikan sind nur noch der Tambour und die Innenschale original; die wieder steiler angelegte Außenschale stammt von Giacomo della Porta. Auf dem erwähnten Blatt in Haarlem entwarf Michelangelo überdies einige Skulpturen in rechteckigen Nischen, die ich als Überlegungen für einen Apostelzyklus im Inneren von St. Peter gedeutet habe; formal verraten sie eine Auseinandersetzung des betagten Meisters mit Werken des Mittelalters. Eine im Nachlass erwähnte, nicht ganz fertige Skulptur für einen *St. Peter im Papstgewand*, die Nicolas Cordier später in einen *Hl. Gregor* umgestaltet hat, halte ich für eines seiner letzten Werke, ebenfalls für Neu-St. Peter gedacht, da Arnolfo di Cambios Bronze des Hl. Petrus im Restbau der Konstantinischen Basilika verblieben war.

Trotz dieser ausgedehnten Tätigkeit fand Michelangelo noch die Kraft, die variantenreichen Entwürfe für die Florentiner Nationalkirche San Giovanni (1559–1560), die Planung der Cappella Sforza an Santa Maria Maggiore (1561–1562) sowie die Umformung des Frigidariums der Diokletiansthermen in die Kirche Santa Maria degli Angeli (1560/61–1564) durchzuführen, dies auch mit Unterstützung des Florentiner Bildhauers Tiberio Calcagni. Die von späteren Architekten als «bizarr» bezeichnete Cappella Sforza, entworfen für den Enkel Pauls III., Guido Ascanio Sforza, vereint auf ingeniöse Weise Längs- und Querausrichtung miteinander. Das zum Eingang herangerückte Zentrum der Kapelle wird von einem Segelgewölbe auf vier monumentalen Säulen korinthischer Ordnung überwölbt. Ihnen entsprechen vier weitere Säulen unter anders gerichteten Bögen zuseiten von geknickten Pfeilern, die sich zu flach gerundeten Nebenräumen hin öffnen. In diesen finden die Grabmäler der beiden verstorbenen Kardinäle Sforza ihren Ort. An diese quergelagerte Raumtrias schließt sich ein schlichter viereckiger Chor an, dessen Größe auf die Intention zurückzuführen ist, in ihm das Sakramentstabernakel von Santa Maria Maggiore aufzubewahren.

Mehr als ungewöhnlich ist auch der Grundriss der Kirche Santa Maria degli Angeli am Kloster der Karthäuser, Ergebnis der Intention, einige herausragende Ruinen Roms durch Überwölbung in Kirchen umzuformen. Für die Errichtung dieses Baus hatte sich im Besonderen der sizilianische Priester Antonio del Duca, Onkel des Bildhauers Giacomo del Duca, stark gemacht. Der Bau wird durch eine ungewöhnliche Querausrichtung bestimmt, die auf dem Grundriss des antiken Frigidariums beruht, aber auch eine völlige Abschließung des Chores erlaubte, wie sie für den Karthäuserorden erforderlich war. Michelangelo setzte an die Schmalseiten des Baus im Norden und im Süden quadratische Eingangsräume, im Westen aber funktionierte er die an den antiken Baderaum anschließende Rotunde in einen eleganten Eingangsraum um. Den Besucher der Kirche lädt am Außenbau eine nach vorne sich öffnende, halbrunde Mauer zum Betreten ein. Den Haupteindruck aber bestimmen in dieser ausgefallenen Bauschöpfung die riesenhaften antiken Säulen mit ihren prachtvollen Kapitellen, auf denen Kreuzgratgewölbe von einer Grandeur ruhen, die an die der Maxentiusbasilika erinnern.

Noch vor diesen beiden Bauten widmete sich Michelangelo mit besonderer Intensität in einer Reihe von Plänen der Nationalkirche der Florentiner, die ihrem Patron Johannes dem Täufer geweiht werden sollte. Statt eines Longitudinalbaus, wie er auch später verwirklicht wurde, wählte Michelangelo passend zum Täuferpatrozinium die Gestalt eines Zentralbaus, von dem man zu Lebzeiten des Künstlers nur die schwierig zu legenden Fundamente am Tiber realisierte. Diese in unterschiedlichsten Formen entwickelten und teilweise stark überarbeiteten Entwürfe, von denen in der Casa Buonarroti noch drei erhalten sind, mündeten in ein Holzmodell, das Tiberio Calcagni anfertigte und das zumindest in Nachzeichnungen und Stichen überliefert ist (Abb. 42). Vasari berichtete, Michelangelo habe trotz seiner bekannten Bescheidenheit dazu angemerkt, dass weder *Römer noch Griechen in ihren Tempeln etwas ähnliches hervorgebracht hätten.* Der mit einer glatten Tambourkuppel überwölbte Zentralbau hätte am Außenbau nur eine schlichte Gliederung aufgewiesen. Das Innere wäre durch vier querrechteckige Eingangsräume zu betreten gewesen, zwischen denen

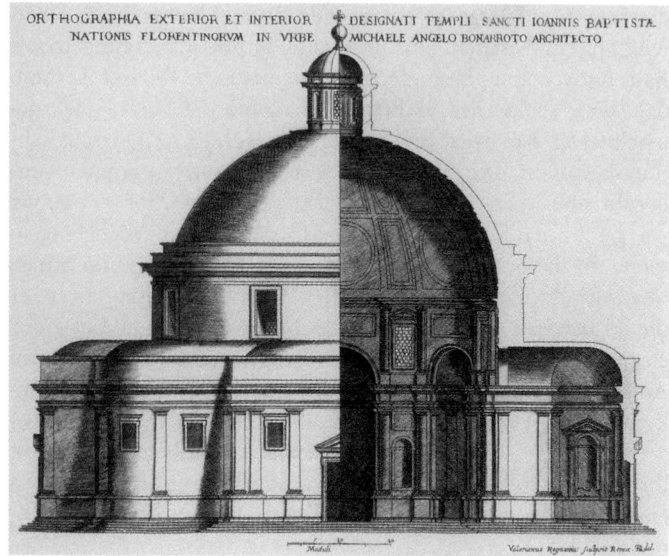

42 Monogrammist RD Zeichner, Valérian Regnard Radierer, Ansicht und Schnitt von *Michelangelos Modell für San Giovanni dei Fiorentini*, 1683. Radierung, 33,6 × 49,8 cm. Tafel aus: Valerianus Regnartius, Praecipua Urbis Romanae Templa, Insignium Romae templorum, Io. Iacopo de Rubeis editore, Roma 1648, Taf. 48. Rom, Biblioteca di Archeologia e Storia dell'arte

sich ovale Kapellen ausgedehnt hätten. Die variabel gebildeten Pfeiler waren so geformt, dass sie sich zum Zentrum hin zu einem vollkommenen Rund zusammenschlossen. In diese Pfeiler eingetiefte Nischen garantierten im Erdgeschoss einen reichen Statuenschmuck, Fenster darüber im Tambour eine nach oben zunehmende Beleuchtung, die im Licht aus der Laterne gipfeln sollte. Die Einfachheit und Schlichtheit der Schöpfung ist überwältigend; denn sie verbirgt zugleich wie viele andere Werke Michelangelos die Kompliziertheit der Gliederung im Detail. In diesem Entwurf vollendet sich Michelangelos Schaffen, als habe er wie Horaz nach dem Höchsten der Kunst gestrebt, das sich im *simplex et unum* zu erkennen gibt.

Epilog

Überblickt man dieses lange, von nicht nachlassender Schaffenskraft geprägte Leben, versteht man Giorgio Vasaris Bemerkung, mit der seine Charakterschilderung Michelangelos einsetzte: *Er liebte die Mühen der Arbeit.* Etwas pathetischer drückte es Goethe in Rom im August 1787 aus, wenn er feststellte: *... ohne die Sixtinische Kapelle gesehen zu haben, kann man sich keinen anschauenden Begriff machen, was ein Mensch vermag*. Voraussetzung für diese lebenslange Leistung war eine solide Physis, die der ständigen schweren körperlichen Anstrengung der Bearbeitung des Marmors wie der Ausführung der großflächigen Fresken, die ja maßgleiche Kartons voraussetzte, gewachsen ist. Man sollte auch die damit verbundene Daueranstrengung, das benötigte Material zu beschaffen, zu transportieren, zu lagern und teilweise wieder zu entsorgen, genauso wenig unterschätzen wie die ständige Zusammenarbeit mit einer Vielzahl von Mitarbeitern, die in den großen Baustellen mehrere Hundert Personen betrug. Michelangelo besaß bis ins Alter von über 70 hinein eine eiserne Konstitution, die er sich durch mäßiges, aber gutes Essen und Trinken zu erhalten wusste. Seine seelische Gesundheit pflegte er durch das Bewahren seiner Unabhängigkeit, den respektvollen Umgang mit seinen Hausgenossen, durch eine Vielzahl von Freundschaften, im Besonderen aber durch seinen aktiv gelebten Glauben. Nur an Sonn- und Feiertagen ruhte die Arbeit. Gereist ist er im Grunde meist nur der Not gehorchend, d. h. wenn er vor kriegerischen Handlungen floh oder als Festungsbaumeister in Kriegszeiten unterwegs war.

Aus Condivis und Vasaris Biographien, nicht zuletzt durch eine Reihe von Portraits in allen Medien wissen wir gut, wie er ausgesehen hat. Er war nicht groß, aber fest gebaut. Die ständige geistige Anspannung hinterließ auf seiner sehr hohen Stirn sieben Querfalten (Abb. 38). Der scharfe, urteilsklare Blick seiner visionären Augen muss unvergesslich gewesen sein. Aus ihnen brach oft seine brennende Leidenschaft zur Kunst, aber auch zu den vielen Frauen und Männern hervor, die er tief geliebt hat. Noch spät dichtete er über sich selbst: *Das Herz aus Schwefel, Knochenmark Hollunder, / Das Fleisch wie altes Holz, vom Frost zerweicht, / Die Seele, die nicht Zucht noch Zügel streicht, / Voll Sehnsucht nach Begier und leerem Wunder, // Vernunft, die schwach geworden von dem Plunder, / Und die der Trug der Schlinge schnell erreicht: / Bei solchen Sachen ist es wahrlich leicht, / daß sie der erste Funke fasst wie Zunder. // Wenn ich der Kunst, die die Natur bezwingt, / Weil ich in ihr des Himmels Macht erkenne / Und ihr mich weihe mit des Herzens Blut, // Nicht blind und taub bin und sie mir gelingt, / Und dessen wert mich macht, für den ich brenne, / Hat der die Schuld, der mich erfüllt mit Glut* (Redslob 1964, S. 101). Ebenso gut aber wusste er sich im Zaume zu halten und konnte nach Streit und Auseinandersetzung wieder einlenken. Sein Humor war legendär, wie u. a. die vielen Spottgedichte, auch auf sich selbst, verraten (Abb. 43). Das Bizarre, Nächtliche, Furchteinflößende, aus den Tiefen des Unbewussten Hervordringende versteckte er nicht, sondern ließ es, ins Ornament gebannt, als unverzichtbaren Teil des Ganzen am Schönen und Großen seine Wirkung tun. Er fragte sich überhaupt, woher der Zauber der Schönheit stamme: Ob es das *ersehnte Licht des ersten Schöpfers* [sei], *das die Seele spüre, oder ob aus dem Gedächtnis der Menschen eine andere Schönheit das Herz durchstrahle, oder ob der Ruhm oder der Traum, den Augen faßbar, dem Herzen deutlich, etwas Glühendes zurücklasse*, das ihn weinen mache.

Was er *Disegno* nennt, meint ein Hervorbringen aller Wesen nach ihrer Natur, die als solche erkannt und beurteilt werden muss. Im Licht des Intellekts ist es Aufgabe der Hand, einer Form Gestalt zu verleihen, die dem Urteilsvermögen (*giudizio*) Genüge tut. Da dieser *giudizio* gelegentlich die Kraft des Hervorbringens überstieg, brach Michelangelo manchen Schöpfungsvorgang ab oder zerschlug ein Werk. Des Weiteren hat Vasari Recht, wenn er auf Michelangelos unvergleichliches

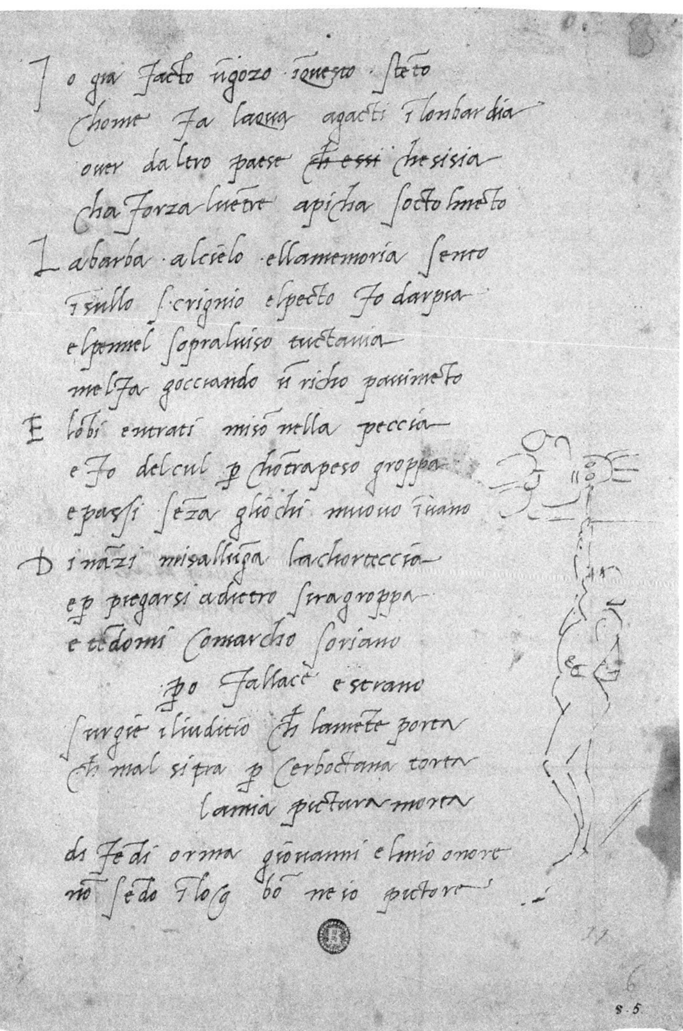

Io gia facto ugozo iquesto steto
chome fa lacqua agacti i lonbardia
over daltro paese chessisia
cha forza luetre apicha socto lmēto
La barba alcielo ellamemoria sento
insullo scrignio elpecto fo darpia
elpennel sopralviso tuctavia
melfa gocciando u riccho pavimēto
E lōbi entrati miso nella peccia
e fo delcul p chōtrapeso groppa
e passi seza gliochi muovo invano
Dinazi misallunga lachorteccia
ep piegarsi adietro siragroppa
e tēdomi chomarcho soriano
po fallace e strano
surgie ilindicio chi lamēte porta
chi mal si tra p cerbottana torta
lamia pictura morta
di fedi orma giovanni elmio onore
nō sedo iloco bō ne io pictore

43 Michelangelo, *Sonett und Selbstportrait beim Malen in der Sixtina*, 1511–1512. Feder, 28,3 × 20 cm. Florenz, Archivio Buonarroti

Gedächtnis hinwies; denn wer die innere Logik des Geschauten erkennt, wird es als Begriffenes für immer behalten können. Gegenstand dieses selten intensiven Studierens waren sicherlich auch bedeutende Werke der Kunst, vor allem der Antike, die ihm aber Lösungen vor Augen stellten, die nicht unbedingt die seinen waren und nicht das Grundproblem der Naturerkenntnis ersetzen konnten. Für ihn war Kunst, die Kunst nachahmte und nicht die Natur, von vorneherein verfehlt, da sie kein lebendig Gezeugtes und daher keine *arte viva* war. Diese in ihrer seelischen Lebendigkeit so überzeugende Kunst von seltener Großartigkeit entführt auch den heutigen Betrachter in die Sphären geistiger Schönheit, die uns unmittelbar packt und nicht mehr loslässt. Sie eröffnete dem Menschen der Neuzeit eine bis heute nicht mehr überbotene Vorstellung davon, in welcher Dignität und Freiheit – ausgestattet mit der dazugehörenden Kraft, diese zu realisieren und zu verteidigen – der Mensch als Ebenbild Gottes konzipiert sei. Zeichen künstlerischen Gelingens auf höchstem Niveau ist weiter die Fruchtbarkeit in doppeltem Sinne, nämlich der Umfang des Œuvres wie eine nicht nachlassende Wirkung auf die nachfolgenden Künstler, die in Wellen von Bernini und Rubens über Rodin und Henry Moore bis heute anhält.

Am 18. Februar 1564 starb Michelangelo in seinem Haus am Macel de' Corvi in der Nähe der Trajanssäule in den Armen seiner Freunde Daniele da Volterra und Tommaso Cavalieri, die auch seinen Nachlass verwalteten. In seinem stattlichen Haus befand sich außer einer großen Menge Geld, das sein Neffe Lionardo erbte, kaum etwas. Michelangelo sammelte nichts und hob nichts Überflüssiges auf; daher waren außer seinem sorgfältig geführten Archiv an Briefen, Kontrakten und Entwürfen, die vor allem nicht ausgeführte Werke betrafen, nur noch drei unfertige Skulpturen (ein das Kreuz tragender *Christus*, der *St. Peter im Gewand eines Papstes* sowie die *Pietà Rondanini*) und einige Kartons vorhanden, da Michelangelo bereits zu Lebzeiten nicht mehr benötigte Plastiken und Zeichnungen an Freunde und Kollegen verschenkt hatte. Sein Leichnam wurde zuerst in Rom in SS. Apostoli aufgebahrt und bestattet, danach, wie ein

Transportgut verpackt, durch Lionardo nach Florenz gebracht. Aufgebahrt in der Sakristei von Santa Croce, der Hauskirche der Buonarroti, wurde der Leichnam durch die versammelte Künstlerschaft der Accademia delle Arti del Disegno in Augenschein genommen und bemerkt, man habe auch nach 20 Tagen keine Verwesung an ihm feststellen können. Die Akademiker errichteten für Michelangelo als *Padre e Maestro di queste tre Arti* einen triumphal ausgestatteten Katafalk im Chor von San Lorenzo und schmückten das ganze Schiff mit bedeutenden Szenen aus seinem Leben. Was Michelangelo selbst zu dieser übergebührlichen Feier, die sich mit der für Kaiser Karl V. messen konnte, gesagt hätte, kann man sich denken, nachdem er sich allzu große Ergebenheit eines Korrespondenten mit dem Hinweis verbeten hatte, dieser schreibe an ihn, wie er sein solle, nicht wie er in Wirklichkeit sei, d. h. unvollkommen.

Blickt man auf das für ihn errichtete Grabmal in Santa Croce, an dem sich trotz der besten Absichten wieder das Gedankengut der Accademia delle Arti del Disegno in den Vordergrund schiebt, darf man bemerken: Das von ihm selbst intendierte Grabmal hätte uns sicherlich in ganz anderer Weise berührt. Hier hätte uns die *Pietà Rondanini* in einer Altarnische spüren lassen, mit welch Hingabe der vom Kreuz abgenommene Christus, so, als lebte er noch, sich an den Leib seiner Mutter drängt, die in unsäglicher Liebe ihren Sohn umfasst und ihr Haupt trauernd zu ihm herabsenkt (Abb. 36). Es ist der Mensch, für die Passion bestimmt, der nur in der zärtlichsten Liebe und Hingabe Halt und Erfüllung findet. Dieses Bild hinterließ Michelangelo uns als Vermächtnis.

Mein innigster Dank für eine kritische Durchsicht dieses Textes gilt meinem Mann, Gregor Maurach, sowie den Dres. Ulrich Töns (Münster) und Raphael Beuing (München). Ohne das Interesse und den Einsatz von Alexandra Schumacher und Beate Sander wäre das Buch nicht in dieser Form entstanden.

Ausgewählte Literatur

Quellen

Il carteggio di Michelangelo, posthume Ausgabe von G. Poggi, hg. von P. Barocchi und R. Ristori, 5 Bde., Florenz 1965–1983; *I ricordi di Michelangelo*, hg. von L. Bardeschi Ciulich und P. Barocchi, Florenz 1970; *Il carteggio indiretto di Michelangelo*, hg. von P. Barocchi, K. Loach Bramanti und R. Ristori, 2 Bde., Florenz 1988–1995; *I contratti di Michelangelo*, hg. von L. Bardeschi Ciulich, Florenz 2005.

G. Vasari, *La Vita di Michelangelo nelle redazioni del 1550 e del 1568*, hg. von P. Barocchi, 5 Bde., Mailand/Neapel 1962; *Le Opere di Giorgio Vasari*, hg. und komm. von G. Milanesi, 9 Bde., Florenz 1878–1885 (Reprint: Florenz 1973); G. Vasari, *Das Leben des Michelangelo,* neu übersetzt von V. Lorini, hg., kommentiert und eingeleitet von C. Gabbert, Berlin 2009; A. Condivi, *Vita di Michelagnolo Buonarroti*, hg. von G. Nencioni, mit Aufsätzen von M. Hirst und C. Elam, Florenz 1998.

Bibliographien

E. Steinmann und R. Wittkower, *Michelangelo-Bibliographie 1510–1926*, Leipzig 1927; L. Dussler, *Michelangelo-Bibliographie 1927–1970*, Wiesbaden 1974.

Gesamtdarstellungen

H. Grimm, *Leben Michelangelos*, 10. Aufl., Wien/Leipzig 1901; Ch. de Tolnay, *Michelangelo,* 5 Bde., Princeton (1943–1960), repr. Princeton 1969–1971; H. von Einem, *Michelangelo. Bildhauer, Maler, Baumeister*, Berlin 1973; J. Wilde, *Michelangelo. Six Lectures*, Oxford 1978; F. Zöllner, Ch. Thoenes und Th. Pöpper, *Michelangelo 1475–1564: Das vollständige Werk*, Köln 2007; M. Hirst, *Michelangelo. The Achievement of Fame*, New Haven/London 2011.

Skulptur

M. Weinberger, *Michelangelo the Sculptor*, 2 Bde., London/New York 1967; F. Hartt, *Michelangelo, the Complete Sculpture*, London 1969; J. Pope-Hennessy, *Italian High Renaissance and Baroque Sculpture. An Introduction into Italian Sculpture* III, 3. Aufl., Oxford 1986; J. Poeschke, *Die Skulptur der Renaissance in Italien, Bd. 2: Michelangelo und seine*

Zeit, München 1992; C. Acidini Luchinat, *Michelangelo scultore*, Mailand 2005.

Malerei

J. Kliemann und M. Rohlmann, *Wandmalerei in Italien. Die Zeit der Hochrenaissance und des Manierismus 1510–1600*, München 2004; C. Acidini Luchinat, *Michelangelo pittore*, Mailand 2007.

Architektur

P. Portoghesi und B. Zevi, *Michelangelo architetto*, Turin 1964; A. Nova, *Michelangelo. Der Architekt*, übers. aus d. Ital. v. Ch. Galliani, Stuttgart/Zürich 1984; J. S. Ackerman, *The Architecture of Michelangelo*, Katalog von J. Newman, 2. Aufl., Harmondsworth 1986; G. C. Argan und B. Contardi, *Michelangelo architetto*, 4. Aufl., Mailand 1996; *Michelangelo architetto a Roma* (Ausstellungskatalog Rom), hg. von M. Mussolin, unter Mitarbeit von C. Altavista, Mailand 2009.

Zeichnungen

J. Wilde, *Italian Drawings in the Department of Prints and Drawings in the British Museum, Michelangelo and his Studio*, Oxford/London 1953; Ch. de Tolnay, *Corpus dei disegni di Michelangelo*, 4 Bde., Novara 1975–1980; M. Hirst, *Michelangelo and his Drawings*, New Haven/London 1988; A. Perrig, *Michelangelo's drawings: the science of attribution*, New Haven 1991; P. Joannides (in Zusammenarbeit mit V. Goarin und C. Scheck), *Michel-Ange. Élevès et copistes* (Musée du Louvre, Musée d'Orsay, Département des Arts Graphiques, Inventaire général des dessins italiens, VI), Paris 2003; G. Maurer, *Michelangelo – Die Architekturzeichnungen. Entwurfsprozeß und Planungspraxis*, Regensburg 2004; A. Gnann, *Michelangelo. Zeichnungen eines Genies* (Ausstellungskatalog Wien), Ostfildern 2010; *Michelangelo als Zeichner* (Akten des Internationalen Kolloquiums Wien, 2010), hg. von C. Echinger-Maurach, A. Gnann und J. Poeschke, Münster 2013; C. Bambach, *Michelangelo. Divine Craftsman and Designer* (Ausstellungskatalog New York), New Haven/London 2017.

Dichtung und Vertonung

Michelangelo Buonarroti, *Rime*, hg. von E. N. Girardi, Bari 1960; K. Frey, *Die Dichtungen des Michelagniolo Buonarroti*, hg. von H.-W. Frey, 2. Aufl., Berlin 1964; *Michelangelo – Sonette*, Italienisch und Deutsch, übertragen und hg. von E. Redslob, Heidelberg 1964; G. D. Folliero-Metz, *Le Rime di Michelangelo Buonarroti nel loro contesto*, Heidelberg 2004. – H.-W. Frey, *Michelagniolo und die Komponisten seiner Madrigale*, in: Acta musicologica 24, 1952, S. 147–197.

Einzelfragen in chronologischer Reihenfolge

Die Familie Buonarroti: *Padroni di Casa*, hg. von A. Cecchi, Florenz 2021. **Finanzen:** R. Hatfield, *The Wealth of Michelangelo*, Rom 2002. **Frühwerk:** M. Hirst und J. Dunkerton, *Making & Meaning. The Young Michelangelo, The Artist in Rome 1496–1501*, London 1994; *Giovinezza di Michelangelo* (Ausstellungskatalog Florenz), hg. von K. Weil-Garris Brandt u. a., Florenz/Mailand 1999; *Michelangelo. Le opere giovanili. Nuove acquisizioni*, hg. von C. Acidini und A. Cecchi, Florenz 2022. **Lorenzo de' Medicis Statuengarten:** C. Elam, *Custode and Capo: Bertoldo di Giovanni in Lorenzo de' Medici's Sculpture Garden*, in: Bertoldo di Giovanni. The Renaissance of sculpture in Medici Florence (Ausstellungskatalog), hg. von Aimee Ng, New York 2019, S. 109–134. **Kentaurenschlacht:** Ch. Dempsey, *Michelangelo, Poliziano and the «Battle of the Centaurs»*, in: Mitteilungen des Kunsthistorischen Institutes in Florenz 62, 2020, S. 158–179. **Anatomie:** *L'anatomie chez Michel-Ange. De la réalité à l'idéalité*, hg. von Ch. Rabbi-Bernard, Paris 2003. **Kruzifix:** M. Lisner, *Michelangelos Kruzifixus aus Santo Spirito in Florenz*, in: Münchner Jahrbuch der bildenden Kunst 15, 1964, S. 7–36. **Herkules:** L. D. Ettlinger, *Hercules Florentinus*, in: Mitteilungen des Kunsthistorischen Institutes in Florenz 16, 1972, S. 119–142; J. Cox-Rearick, *The Collection of Francis I: Royal Treasures*, Antwerpen 1995, S. 302–313, Kat.-Nr. IX-5. **San Giovannino:** F. Caglioti, *Il ‹San Giovannino› mediceo di Michelangelo, da Firenze a Úbeda*, in: Prospettiva 145, 2012, S. 2–81. **Pietà in Rom:** E. A. Fenichel, *Michelangelo's* Pietà *as Tomb Monument: Patronage, Liturgy, and Mourning*, in: Renaissance Quarterly 70, 2017, S. 862–896; *Vesperbild. Alle origini delle* Pietà *di Michelangelo* (Ausstellungskatalog), hg. von A. Mazzotta und C. Salsi, Mailand 2018. **Stigmatisation des Hl. Franz:** C. Echinger-Maurach, *Michelangelos* inventio *einer* Stigmatisation des Hl. Franz von Assisi *in San Pietro in Montorio und ihr Fortleben in Druckgraphik, Malerei und Skulptur*, in: «Absolutely free?» Invention und Gelegenheit in der Kunst. Festschrift für Jürgen Wiener zum 60. Geburtstag, hg. von Ch. Baier u. a., Bielefeld 2019, S. 225–244. **Grablegung Christi:** A. Nagel, *Michelangelo's London ‹Entombment› and the Church of S. Agostino in Rome*, in: The Burlington Magazine 136, 1994, S. 164–167. **David in Marmor und Bronze:** P. Joannides, *Michelangelo bronzista. Reflections on his mettle*, in: Apollo 145, 1997, S. 11–20; C. Echinger-Maurach, *Zu Michelangelos Skizze für den verlorenen Bronzedavid und zum Beginn der «gran maniera degli ignudi» in seinem Entwurf für den Marmordavid*, in: Zeitschrift für Kunstgeschichte 61, 1998, S. 301–338; J. T. Paoletti, *Michelangelo's David: Florentine History and Civic Identity*, New York 2015. **Schlacht von Cascina:** C. Echinger-Maurach, Virtute vincere*: Leonardos und Michelangelos ‹Schlachtenbilder› im Rahmen der Ausstattung der Florentiner Sala grande del Consiglio im Palazzo Vecchio*, in: Leitbild Tugend. Die Virtus-Darstellungen in italienischen Kommunalpalästen und

Fürstenresidenzen des 14. bis 16. Jahrhunderts, hg. von Th. Weigel und J. Poeschke, Münster 2012, S. 255–294; *La Sala Grande di Palazzo Vecchio e la Battaglia di Anghiari di Leonardo da Vinci: dalla configurazione architettonica all'apparato decorativo*, hg. von R. Barsanti u. a., Florenz 2019. **Michelangelo und Leonardo da Vinci:** C. Echinger-Maurach, *Ein Entwurf Michelangelos für den Tondo Pitti und seine Beziehungen zu Leonardo da Vinci, zu antiken Werken und zu Raffael,* in: Mitteilungen des Kunsthistorischen Institutes in Florenz 42, 1998, S. 275–310; dies., *«Gli occhi fissi nella somma bellezza del Figliuolo». Michelangelo im Wettstreit mit Leonardos Madonnenconcetti der zweiten Florentiner Periode*, in: Michelangelo. Neue Beiträge, hg. von M. Rohlmann und A. Thielemann, Berlin 2000, S. 113–150. **Brügger Madonna:** H. R. Mancusi-Ungaro Jr., *Michelangelo, The Bruges Madonna and the Piccolomini Altar*, New Haven/London 1971. **Juliusgrabmal:** C. Echinger-Maurach, *Studien zu Michelangelos Juliusgrabmal,* 2 Bde., Hildesheim/Zürich/New York 1991; dies., *Michelangelos Grabmal für Papst Julius II.*, München 2009. **Modelle:** J. Myssok, *Bildhauerische Konzeption und plastisches Modell in der Renaissance*, Münster 1999. **Nonfinito:** J. Schulz, *Michelangelo's Unfinished Works*, in: The Art Bulletin 57, 1975, S. 366–373. **Bronzestatue von Julius II.:** M. Rohlmann, *Michelangelos Bronzestatue von Julius II. Zu Geschichte und Bedeutung päpstlicher Ehrentore in Bologna und Ascoli*, in: Römisches Jahrbuch der Bibliotheca Hertziana 31, 1996, S. 187–206. **Sixtinische Kapelle:** *La Cappella Sistina, La volta restaurata: Il trionfo del colore*, hg. von P. de Vecchi, Novara 1992; U. Pfisterer, *Die Sixtinische Kapelle*, München 2013. **Christus für Metello Vari:** G. Panofsky-Soergel, *Michelangelos «Christus» und sein römischer Auftraggeber*, Worms 1991; S. Danesi Squarzina, *The Bassano «Christ the Redeemer» in the Giustiniani Collection*, in: The Burlington Magazine 142, 2000, S. 746–751. **Sebastiano del Piombo:** *Michelangelo and Sebastiano* (Ausstellungskatalog), hg. von M. Wivel, London 2017. **Entwürfe für eine Transfiguration Christi:** C. Echinger-Maurach, *Ein Konkurrenz-Projekt Michelangelos zu Raffaels* Transfiguration? Mit einem Beitrag von M. Mussolin, in: Wallraf-Richartz-Jahrbuch 80, 2019, S. 127–159. **Fassade von San Lorenzo:** G. Satzinger, *Michelangelo und die Fassade von San Lorenzo in Florenz. Zur Geschichte der Skulpturenfassade der Renaissance*, München 2011. **Medici-Kapelle und Biblioteca Laurenziana:** A. E. Popp, *Die Medici-Kapelle Michelangelos*, München 1922; C. Elam, *The Site and Early Building History of Michelangelo's New Sacristy*, in: Mitteilungen des Kunsthistorischen Institutes in Florenz 23, 1979, S. 155–186; W. E. Wallace, *Michelangelo at San Lorenzo. The Genius as Entrepreneur*, Cambridge/New York/Melbourne 1994; *Michelangelo a San Lorenzo. Quattro problemi aperti* (Ausstellungskatalog), hg. von P. Ruschi, Florenz 2007; *La Sagrestia di Michelangelo. Nuovi studi e restauro*, hg. von M. Bietti und C. Echinger-Maurach, Florenz 2023. **Belagerung von Florenz:** *Michelangelo e l'assedio di Firenze 1529–1530*, hg. von A. Cecchi, Florenz 2017. **Samson**

mit zwei Philistern: C. Echinger-Maurach, *«Una figura graziata»: Entwürfe Michelangelos für die verlorene Gruppe ‹Samson mit zwei Philistern›*, in: Marburger Jahrbuch für Kunstwissenschaft 44, 2017, S. 7–38. **Apoll für Baccio Valori:** C. Echinger-Maurach, *Michelangelos Statuen des ‹Apollo Pubes› und Raffaels ‹Apollo Citharoedus› in der Schule von Athen*, in: Mitteilungen des Kunsthistorischen Institutes in Florenz 43, 1999, S. 420–470. **Schüler:** W. E. Wallace, *Instruction and Originality in Michelangelo's Drawings*, in: The Craft of Art. Originality and Industry in the Italian Renaissance and Baroque Workshop, hg. von A. Ladis und C. Wood, Athens, GA/London 1995, S. 113–133. **Teste Divine:** A. Schumacher, *Michelangelos Teste Divine. Idealbildnisse als Exempla der Zeichenkunst*, Münster 2007. **Leda:** J. Wilde, *Notes on the Genesis of Michelangelo's* Leda, in: Fritz Saxl, 1890–1948. A volume of memorial essays from his friends in England, hg. von D. J. Gordon, London 1957, S. 270–280; W. E. Wallace, *Michelangelo's Leda: the diplomatic context*, in: Renaissance Studies 15, 2001, S. 473–499. **Venus und Amor für B. Bettini:** *Venere e Amore, Venus and Love. Michelangelo e la nuova bellezza ideale, Michelangelo and the new ideal of beauty* (Ausstellungskatalog), hg. von F. Falletti und J. K. Nelson, Florenz 2002. **Tommaso Cavalieri:** Ch. L. Frommel, *Michelangelo und Tommaso Cavalieri*, 2. Aufl., Amsterdam 1979; L. Sickel, *Die Sammlung des Tommaso de' Cavalieri und die Provenienz der Zeichnungen Michelangelos*, in: Römisches Jahrbuch der Bibliotheca Hertziana 37, 2006, S. 163–221. **Disegni finiti:** W. E. Wallace, *Studies in Michelangelo's Finished Drawings, 1520–1534*, Ann Arbor 1983; L. Pestilli, *Michelangelo's* Children's Bacchanal: *an allegory of the intemperate soul?*, in: Renaissance Studies 29, 2015, S. 338–374. **Jüngstes Gericht:** B. Barnes, *The Invention of Michelangelo's «Last Judgment»*, Diss. Univ. of Virginia 1986; P. de Vecchi und G. Colalucci, *La Capella Sistina, IV. Il Giudizio Universale*, Mailand 1995; *Michelangelo's* Last Judgment, hg. von M. B. Hall, Cambridge 2005. **Cappella Paolina:** P. Hemmer, *Michelangelos Fresken in der Cappella Paolina und das Donum Iustificationis*, in: Functions and Decorations. Art and Ritual in the Vatican Palace in the Middle Ages and the Renaissance, hg. von T. Weddigen, S. de Blaauw und B. Kempers, Città del Vaticano/Turnhout 2003, S. 131–152; *Die Paulinische Kapelle*, hg. von Maurizio de Luca, Regensburg 2015; *Michelangelo e la Cappella Paolina. Riflessioni e contributi sull'ultimo restauro* (Giornata di conferenze 2019, Florenz), hg. von A. Paolucci und S. Danesi Squarzina, Città del Vaticano 2016. **Status unter Paul III.:** H. Bredekamp, *Zwei Souveräne: Paul III. und Michelangelo. Das* motu proprio *vom Oktober 1549*, in: St. Peter in Rom 1506–2006 (Beiträge der internationalen Tagung 2006, Bonn), hg. v. G. Satzinger und S. Schütze, München 2008, S. 147–157. **Grabmal für Cecchino Bracci:** C. Echinger-Maurach, *Michelangelos späte Grabmalskonzeptionen und ihre Nachfolge*, in: Mitteilungen des Kunsthistorischen Institutes in Florenz 50, 2006, S. 49–92. **Vittoria Colonna:** *Sonette der Victoria Colonna* mit deutscher Übersetzung von Bertha Arndts, 2 Bde., Schaffhausen 1858; *Vittoria Colonna – Dichterin und Muse Michelangelos* (Ausstellungskatalog Wien), hg. von S. Ferino-Pagden, Mailand 1997; *Vittoria Colonna e Michelangelo* (Ausstellungskatalog), hg. von P. Ragionieri, Florenz 2005; *Michelangelo e Vittoria Colonna: amicizia, arte, poesia, spiritualità dall'assedio di Firenze all'apertura del Concilio di Trento* (Akten des Studientags 2019, Florenz), hg. von V. Capello und A. Donati, Todi 2022. **Katholische Reform:** R. de Maio, *Michelangelo e la controriforma*, Rom/Bari 1981; A. Nagel, *Michelangelo and the Reform of Art*, Cambridge 2000; M. Forcellino, *Michelangelo, Vittoria Colonna e gli «spirituali». Religiosità e vita artistica a Roma negli anni quaranta*, Rom 2009; M. Firpo, *Juan de Valdés and the Italian Reformation*, Farnham 2015; A. Moroncini, *Michelangelo's Poetry and Iconography in the Heart of the Reformation*, London/New York 2017. **Marcello Venusti:** W. E. Wallace, *Michelangelo and Marcello Venusti: a case of multiple authorship*, in: Reactions to the Master. Michelangelo's Effect on Art and Artists in the Sixteenth Century, hg. von F. Ames-Lewis und P. Joannides, Aldershot 2003, S. 137–156; *Intorno a Marcello Venusti*, hg. von B. Agosti und G. Leone, Soveria Mannelli 2016. **Späte Zeichnungen und Gemälde:** P. Joannides, *«Primitivism» in the Late Drawings of Michelangelo: The Master's Construction of an Old-age-Style*, in: Michelangelo Drawings (Studies in the History of Art; 33), Washington National Gallery 1992, S. 245–261; M. Marongiu, *Michelangelo e la «maniera di figure piccole»*, Florenz 2019. **Druckgraphik:** B. Barnes, *Michelangelo in Print. Reproductions as Response in the Sixteenth Century*, Farnham 2010; A. Alberti, A. Rovetta und C. Salsi, *D'après Michelangelo. La fortuna di Michelangelo nelle stampe del Cinquecento* (Ausstellungskatalog), 2 Bde., Mailand 2015. **Daniele da Volterra:** *Daniele da Volterra. Amico di Michelangelo* (Ausstellungskatalog), hg. von V. Romani, Florenz 2003. **Kunsttheorie:** D. Summers, *Michelangelo and the Language of Art*, Princeton 1981; Benedetto Varchi, *Paragone – Rangstreit der Künste*. Italienisch und Deutsch, hg., eingel., übers. und kommentiert von O. Bätschmann und T. Weddigen, Darmstadt 2013. **Späte Skulpturen:** Ph. Fehl, *Michelangelo's Tomb in Rome: Observations on the «Pietà» in Florence and the «Rondanini Pietà»*, in: Artibus et Historiae 23, 2002, S. 9–27; J. Wasserman, *Michelangelo's Florence* Pietà, mit Beiträgen von F. Trinchieri Camiz, T. Verdon und P. Rockwell, Princeton/Oxford 2003; C. Echinger-Maurach, *Michelangelos späte Entwürfe für Nischenfiguren in San Pietro in Montorio und St. Peter*, in: Architektur und Figur. Das Zusammenspiel der Künste. Festschrift für Stefan Kummer zum 60. Geburtstag, hg. von N. Riegel und D. Dombrowski, München/Berlin 2007, S. 158–171; dies., *Michelangelos und Daniele da Volterras Reiterdenkmal für König Heinrich II. von Frankreich*, in: Praemium Virtutis III. Reiterstandbilder von der Antike bis zum Klassizismus, hg. von J. Poeschke, Th. Weigel und B. Kusch-Arnhold, Münster 2008, S. 235–267; dies., *Michelangelos «san Pietro in abito di papa»: eine letzte Skulptur für St. Peter?*, in: Docta Manus. Studien zur italienischen Skulptur für Joachim Poeschke, hg. von J. Myssok und J. Wiener, Münster 2007, S. 279–288; *L'ultimo Michelangelo. Disegni e rime attorno alla Pietà Rondanini* (Ausstellungskatalog), hg. von A. Rovetta, Mailand 2011. **Kapitol:** H. Siebenhüner, *Das Kapitol in Rom. Idee und Gestalt*, München 1954; G. De Angelis d'Ossat, *L'architettura*, in: Michelangelo artista pensatore scrittore, 2 Bde., Novara 1965, Bd. II, S. 324–340; H. Thies, *Michelangelo. Das Kapitol*, München 1982; A. Morrogh, *The Palace of the Roman People: Michelangelo at the Palazzo dei Conservatori*, in: Römisches Jahrbuch der Bibliotheca Hertziana 29, 1994, S. 129–186; A. Bedon, *Il Campidoglio: storia di un monumento civile nella Roma papale*, Mailand 2008. **Palazzo Farnese:** H. Siebenhüner, *Der Palazzo Farnese in Rom*, in: Wallraf-Richartz-Jahrbuch 14, 1952, S. 144–164; G. Hedberg, *The Farnese Courtyard Windows and the Porta Pia: Michelangelo's Creative Process*, in: Marsyas 15, 1970–72, S. 63–72; Ch. L. Frommel, *Palazzo Farnese,* in: Der Römische Palastbau der Hochrenaissance, Tübingen 1973, Bd. 2, S. 103–148. **Werke für Julius III.:** H. Millon, *A Note on Michelangelo's Façade for a Palace for Julius III in Rome. New Documents for the Model*, in: The Burlington Magazine 121, 1979, S. 770–777; A. Nova, *The Artistic Patronage of Pope Julius III (1550–1555). Profane Imagery and Buildings for the De Monte Family in Rome*, New York/London 1988. **Porta Pia:** E. B. MacDougall, *Michelangelo and the Porta Pia*, in: Journal of the Society of Architectural Historians 19, 1960, S. 97–108; K. Schwager, *Die Porta Pia in Rom. Untersuchungen zu einem «verrufenen Gebäude»*, in: Münchner Jahrbuch der bildenden Kunst 24, 1973, S. 33–96; P. Ruschi, *Anamnesi come progetto: i disegni di Michelangelo per Porta Pia*, in: Michelangelo e il linguaggio dei disegni di architettura, hg. von G. Maurer und A. Nova, Venedig 2012, S. 230–243. **St. Peter:** G. Satzinger, *Die Baugeschichte von Neu-St. Peter*, in: Barock im Vatikan. Kunst und Kultur im Rom der Päpste, Bd. II, 1572–1676 (Ausstellungskatalog Bonn/Berlin 2005/2006), hg. von J. Frings, Bonn/Leipzig 2005, S. 45–74; Ch. Thoenes, *Michelangelos St. Peter*, in: Römisches Jahrbuch der Bibliotheca Hertziana 37, 2006, S. 57–83; V. Zanchettin, *Le verità della pietra: Michelangelo e la costruzione in travertino di San Pietro*, in: St. Peter in Rom 1506–2006 (Beiträge der internationalen Tagung 2006, Bonn), hg. v. G. Satzinger und S. Schütze, München 2008, S. 159–174; F. Bellini, *La Basilica di San Pietro da Michelangelo a Della Porta*, 2 Bde., Rom 2011. **Cappella Sforza:** G. Satzinger, *Michelangelos Cappella Sforza*, in: Römisches Jahrbuch der Bibliotheca Hertziana 35, 2003/2004, S. 327–414. **San Giovanni dei Fiorentini:** M. Kersting, *San Giovanni dei Fiorentini und die Zentralbauideen des Cinquecento*, Worms 1994; H. Günther, *A History of the Construction of San Giovanni dei Fiorentini*, in: The Renaissance from Brunelleschi to Michelangelo. The Representation of Architecture, hg. von H. A. Millon und V. M. Lampugnani, London 1994, S. 550–560; J. Niebaum, *San Giovanni dei Fiorentini*, in: Rom. Meisterwerke der Baukunst von der Antike bis heute. Festgabe für Elisabeth Kieven, hg. von Ch. Strunck, Petersberg 2007, S. 232–237; M. Mussolin, *San Giovanni dei Fiorentini*, in: Michelangelo architetto a Roma (Ausstellungskatalog Rom), hg. von M. Mussolin, Mailand 2009, S. 206–213. **Santa Maria degli Angeli:** H. Siebenhüner, *S. Maria degli Angeli in Rom*, in: Münchner Jahrbuch der bildenden Kunst, 3. Folge, 6, 1955, S. 179–206; A. Brodini, *Santa Maria degli Angeli*, in: Michelangelo architetto a Roma (Ausstellungskatalog Rom), hg. von M. Mussolin, Mailand 2009, S. 240–245. **Exequien und Grabmal Michelangelos:** R. und M. Wittkower, *The Divine Michelangelo. The Florentine Academy's Homage on his Death in 1564. A Facsimile Edition of «Esequie del divino Michelagnolo Buonarroti», Florence 1564*, London 1964; B. Kusch-Arnhold, *Solcher Tugend gebührte nicht weniger! Die Exequien Michelangelo Buonarrotis und das Grabmal des Künstlers*, in: Praemium Virtutis II. Grabmäler und Begräbniszeremoniell in der italienischen Hoch- und Spätrenaissance, hg. von J. Poeschke, B. Kusch-Arnhold und Th. Weigel, Münster 2005, S. 65–91. **Portraits:** E. Steinmann, *Die Portraitdarstellungen des Michelangelo*, Leipzig 1913; *Il volto di Michelangelo* (Ausstellungskatalog), hg. von P. Ragionieri, Florenz 2008. **Nachleben:** R. Rosenberg, *Beschreibungen und Nachzeichnungen der Skulpturen Michelangelos. Eine Geschichte der Kunstbetrachtung*, München/Berlin 2000; J. Imorde, *Michelangelo Deutsch!*, Berlin 2009; *Der Göttliche. Hommage an Michelangelo* (Ausstellungskatalog), kuratiert von G. Satzinger und S. Schütze, hg. von Kunst- und Ausstellungshalle der Bundesrepublik Deutschland, München 2015; *Schatten der Zeit. Giambologna, Michelangelo und die Medici-Kapelle* (Ausstellungskatalog), hg. von Staatliche Kunstsammlungen Dresden, St. Koja und C. Kryza-Gersch, München 2018; *Antworten auf Michelangelo* (Akten der internationalen Tagung, Bonn 2015), hg. von G. Satzinger und S. Schütze, Münster 2020; *Michelangelo Buonarroti il Giovane (1568–1647). Il culto della memoria* (Ausstellungskatalog), hg. von A. Cecchi, E. Lombardi und R. Spinelli, Florenz 2021.

Das Dante-Zitat ist entnommen aus: Dantes *Göttliche Komödie*, übersetzt und mit einem Vorwort versehen von B. Carneri, Halle a. d. Saale 1901, S. 397.

Personenregister

Bildnachweis

F. Zöllner, Chr. Thoenes, T. Pöpper, Michelangelo. Das vollständige Werk, Köln 2007: Abb. 1, 7, 10, 13, 16, 19, 20, 25, 30, 34, 35, 40, 41, 42, 43; M. Hirst, J. Dunkerton: Making & Meaning. The Young Michelangelo, London 1994: 2, 8; V. Reinhardt, Der Göttliche. Das Leben des Michelangelo, München 2010: Abb. 3, 4, 5, 9, 15, 18, 22, 31, 32, 33, 39; Bridgeman, Berlin: 6 (© Stefano Baldini/Bridgeman Images); U. Pfisterer, Die Sixtinische Kapelle, München 2013: 11, 12; bpk, Berlin: 14 (Kupferstichkabinett, SMB/Jörg P. Anders); M. Gayford, Michelangelo. Sein langes abenteuerliches Leben, Bern/Wien 2019: 17, 28, 36; M. Hirst, Michelangelo and his Drawings, Yale 1988: 21, 23; © Andrea Jemolo: 24; Foto Scala, Florenz: 26, 29 (Courtesy of the Ministero Beni e Att. Culturali e del Turismo), 38 (Casa Buonarroti, Florenz); Florenz, Archivio Buonarroti: 27; The Metropolitan Museum of Art, New York: 37 (The Elisha Whittelsey Collection, The Elisha Whittelsey Fund, 1951, Inv. 51 639.22).